# Palavras
## *de*
# LUZ

Uma mensagem para
cada dia do ano

# Chico Xavier
## EMMANUEL

# Palavras
*de*
# LUZ

Uma mensagem para
cada dia do ano

*Copyright* © 2014 *by*
FEDERAÇÃO ESPÍRITA BRASILEIRA – FEB

2ª edição – 4ª impressão – 2,5 mil exemplares – 1/2025

ISBN 978-65-5570-560-7

Todos os direitos reservados. Nenhuma parte desta publicação pode ser reproduzida, armazenada ou transmitida, total ou parcialmente, por quaisquer métodos ou processos, sem autorização do detentor do *copyright*.

FEDERAÇÃO ESPÍRITA BRASILEIRA – FEB
SGAN 603 – Conjunto F – Avenida L2 Norte
70830-106 – Brasília (DF) – Brasil
www.febeditora.com.br
editorial@febnet.org.br
+55 61 2101 6161

Pedidos de livros à FEB
Comercial
Tel.: (61) 2101 6161 – comercial@febnet.org.br

Adquirindo esta obra, você está colaborando com as ações de assistência e promoção social da FEB e com o Movimento Espírita na divulgação do Evangelho de Jesus à luz do Espiritismo.

MISTO
Papel | Apoiando o manejo florestal responsável
FSC® C112836

Dados Internacionais de Catalogação na Publicação (CIP)
(Federação Espírita Brasileira – Biblioteca de Obras Raras)

E54p  Emmanuel (Espírito)
       Palavras de luz / [pelo Espírito] Emmanuel; [psicografado por] Francisco Cândido Xavier; organizado pela Assessoria de Comunicação Social da Federação Espírita Brasileira. – 2. ed. – 4. imp. – Brasília: FEB, 2025.
       400 p.; 13 cm

       Inclui referências

       ISBN 978-65-5570-560-7

       1. Espiritismo. 2. Obras psicografadas. I. Xavier, Francisco Cândido, 1910-2002. II. Federação Espírita Brasileira. II. Título.

                                        CDD 133.93
                                        CDU 133.7
                                        CDE 80.03.00

| | |
|---|---|
| Apresentação | 7 |
| Janeiro | 9 |
| Fevereiro | 41 |
| Março | 71 |
| Abril | 103 |
| Maio | 135 |
| Junho | 167 |
| Julho | 199 |
| Agosto | 233 |
| Setembro | 265 |
| Outubro | 297 |
| Novembro | 329 |
| Dezembro | 361 |
| Referências | 393 |

# Apresentação

A sabedoria de Emmanuel, veiculada pelas abençoadas mãos do apóstolo Chico Xavier, encanta-nos em cada texto que lemos, profundo e significativo, para o nosso autoencontro.

Mensagens de esclarecimento e de consolo, que edificam a alma dos construtores de um mundo melhor, integram estas *Palavras de luz*.

Nesta singela e significativa coletânea, encontramos um recado para cada dia do ano, como um convite à renovação íntima e à vida plena de realizações no bem.

Em qualquer momento da manhã, da tarde, da noite, da madrugada, poderemos nos sentir amparados se recorrermos à instantânea leitura de uma sublime exortação e, após reflexionar sobre seu valioso conteúdo, nos sintonizaremos com os benfeitores espirituais, instrumentos da renovação planetária decorrente da reforma íntima de cada um de nós.

Esperamos que essas palavras façam parte de nossa vida, amigo leitor, e nos acompanhem aonde formos e onde quer que estejamos, a fim de que a Boa-Nova apresentada no Evangelho de Jesus seja a bússola orientadora de nossos pensamentos, sentimentos, palavras e ações.

Geraldo Campetti Sobrinho
Vice-Presidente da Federação Espírita Brasileira

# Janeiro

# 1 | Janeiro

O tempo, como patrimônio divino do Espírito, renova as inquietações e angústias de cada século, no sentido de aclarar o caminho das experiências humanas.

A CAMINHO DA LUZ
Introdução

Janeiro | 2

Os corações que oram e vigiam, realmente, de acordo com as lições evangélicas, constroem a sua própria fortaleza, para todos os movimentos de defesa espontânea.

---

O CONSOLADOR
Item 53, Psicologia

# 3 | Janeiro

Empenhados ao azedume da crítica, debitamos semelhante perturbação tão somente a nós por nossa incapacidade de avaliação do esforço alheio.

---

RUMO CERTO
Capítulo 13, Um só problema

Janeiro | 4

A Ciência é neta da curiosidade e filha do estudo. A Alquimia da Idade Média iniciou as realizações da Química moderna. De certa maneira, os astrólogos do pretérito começaram a obra avançada dos astrônomos de hoje.

---

Encontro marcado
Capítulo 6, Adivinhações

# 5 | Janeiro

A existência na Terra é um livro que estás escrevendo...

Cada dia é uma página...

Cada hora é uma afirmação de tua personalidade, através das pessoas e das situações que te buscam.

---

PALAVRAS DE EMMANUEL
Capítulo 2, A ciência do tempo

Janeiro | 6

Ante as nossas queixas, em torno da ingratidão, na essência existe apenas a incompreensão, que, por enquanto, nos assinala o modo de ser, a exigir dos companheiros de experiência devoções e atitudes para as quais não se mostram ainda amadurecidos ou indicados.

---

Rumo certo
Capítulo 13, Um só problema

# 7 | Janeiro

O livro representa vigoroso ímã de força atrativa, plasmando as emoções e concepções de que nascem os grandes movimentos da Humanidade.

PENSAMENTO E VIDA
Capítulo 4, Instrução

Janeiro | 8

Quando atravesses um instante considerado terrível, na jornada redentora da Terra, recorda que o desespero é capaz de suprimir-te a visão ou barrar-te o caminho.

Para muitos, esse minuto estranho aparece na figura da enfermidade; para outros, na forma da cinza com que a morte lhes subtrai temporariamente o sorriso de um ente amado.

Em muitos lugares, guarda a feição de crise espiritual, aniquilando a esperança; e, em outros ainda, ei-lo que surge por avalanche de provas encadeadas, baldando a energia.

---

RUMO CERTO
Capítulo 1, Ele atenderá

# 9 | Janeiro

Se já te equilibraste, do ponto de vista do sentimento e do raciocínio, detendo a possibilidade de conservares o pensamento reto, por cima dos próprios ombros, compadece-te dos irmãos que ainda não te alcançaram a eminência espiritual e ampara-lhes o reajuste em bases de simpatia e cooperação.

Rumo certo
Capítulo 4, Provas da virtude

Janeiro | 10

[...] Por isso mesmo, nossos irmãos e nossas irmãs precisam e devem saber o que fazem com as energias genésicas, observando como, com quem e para que se utilizam de semelhantes recursos, entendendo-se que todos os compromissos na vida sexual estão igualmente subordinados à lei de causa e efeito; e, segundo esse exato princípio, de tudo o que dermos a outrem, no mundo afetivo, outrem também nos dará.

---

VIDA E SEXO

Capítulo 1, Em torno do sexo

# 11 | Janeiro

Entre julgar e discernir há sempre grande distância. O ato de julgar para a especificação de consequências definitivas pertence à Autoridade Divina, porém, o direito da análise está instituído para todos os Espíritos, de modo que, discernindo o bem e o mal, o erro e a verdade, possam as criaturas traçar as diretrizes do seu melhor caminho para Deus.

O CONSOLADOR
Item 63, Sociologia

Janeiro | 12

Por trás do sofrimento a se nos originar do orgulho ferido, está simplesmente a paixão pelas aparências a que ainda se nos afeiçoa o sentimento de superioridade ilusória.

RUMO CERTO
Capítulo 13, Um só problema

# 13 | Janeiro

O conhecimento nasce do esforço de quantos se dedicam a desentranhá-lo da obscuridade ou da ignorância.

―――――――

Encontro marcado
Capítulo 6, Adivinhações

Janeiro | 14

Não te endureças na estrada que o Senhor te levou a trilhar, em favor de teu resgate, aprimoramento e santificação. Recorda a importância do tempo que se chama hoje.

PALAVRAS DE EMMANUEL
Capítulo 2, A ciência do tempo

# 15 | Janeiro

Ninguém escapa aos topes de luta, que diferem para cada um de nós, segundo os objetivos que procuramos nas conquistas do Espírito.

Esse jaz atormentado de tentações, aquele padece abandono, aquele outro chora oportunidades perdidas e mais outro lamenta os desenganos da própria queda.

Se chegaste a instante assim, obscurecido por nuvens de lágrimas, arrima-te à paciência, ouve a fé, aconselha-te com a reflexão e medita com a serenidade, mas não procures a opinião do esmorecimento.

---

Rumo certo
Capítulo 1, Ele atenderá

Janeiro | 16

Seja qual for a dificuldade em que te vejas ou a provação que experimentes, recorda que Deus está contigo e nada te faltará, nos domínios do socorro e da bênção, para que atravesses todos os túneis de tribulação e de sombra ao encontro da paz e a caminho da Luz.

---

Rumo certo
Capítulo 5, Apoio divino

# 17 | Janeiro

Identifiquemos no lar a escola viva da alma.

O Espírito, quando retorna ao plano físico, vê nos pais as primeiras imagens de Deus e da vida.

Na tépida estrutura do ninho doméstico, germinam-lhe no ser os primeiros pensamentos e as primeiras esperanças.

---

VIDA E SEXO
Capítulo 4, Ambiente doméstico

Janeiro | 18

O Espiritismo, na sua missão de Consolador, é o amparo do mundo neste século de declives da sua história; só ele pode, na sua feição de Cristianismo Redivivo, salvar as religiões que se apagam entre os choques da força e da ambição, do egoísmo e do domínio, apontando ao homem os seus verdadeiros caminhos.

---

A CAMINHO DA LUZ
Capítulo 25, O Evangelho e o futuro

# 19 | Janeiro

Nas horas comuns da existência, procuremos a luz evangélica para analisar o erro e a verdade, discernir o bem e o mal; todavia, no instante dos julgamentos definitivos, entreguemos os processos a Deus, que, antes de nós, saberá sempre o melhor caminho da regeneração dos seus filhos transviados.

O CONSOLADOR
Item 64, Sociologia

Janeiro | 20

Nossa palavra é para que a Terra vibre conosco nos ideais sublimes da fraternidade e da redenção espiritual.

---

EMMANUEL
A tarefa dos guias espirituais

# 21 | Janeiro

A Religião viverá entre as criaturas, instruindo e consolando, como um sublime legado.

---

**Emmanuel**
Capítulo 4, A base religiosa

Janeiro | 22

O orbe terreno não está alheio ao concerto universal de todos os sóis e de todas as esferas que povoam o ilimitado; parte integrante da infinita comunidade dos mundos, a Terra conhecerá as alegrias perfeitas da harmonia da vida. E a vida é sempre amor, luz, criação, movimento e poder.

EMMANUEL
A tarefa dos guias espirituais

# 23 | Janeiro

Quando analisares qualquer ocorrência menos feliz, procura ver o bem que permanece vivo e ativo por trás do mal aparente que supostamente esteja dominando a situação.

Encontro marcado
Capítulo 2, Analisar

Janeiro | 24

A Natureza é sempre o Livro Divino, onde as mãos de Deus escrevem a história de sua sabedoria, livro da vida que constitui a escola de progresso espiritual do homem, evolvendo constantemente com o esforço e a dedicação de seus discípulos.

O CONSOLADOR
Item 27, Biologia

# 25 | Janeiro

Sim, porque depois da treva surgirá uma nova aurora. Luzes consoladoras envolverão todo o orbe regenerado no batismo do sofrimento. O homem espiritual estará unido ao homem físico para a sua marcha gloriosa no Ilimitado, e o Espiritismo terá retirado dos seus escombros materiais a alma divina das religiões, que os homens perverteram, ligando-as no abraço acolhedor do Cristianismo Restaurado.

A CAMINHO DA LUZ
Capítulo 25, O Evangelho e o futuro

Janeiro | 26

Tudo se desloca e renova sob os princípios de interdependência e repercussão.

O reflexo esboça a emotividade.

A emotividade plasma a ideia.

A ideia determina a atitude e a palavra que comandam as ações.

---

PENSAMENTO E VIDA
Capítulo 1, O espelho da vida

# 27 | Janeiro

Mas, voltemos aos nossos propósitos, cumprindo-nos reconhecer nos Evangelhos uma luz maravilhosa e divina, que o escoar incessante dos séculos só tem podido avivar e reacender.

---

A CAMINHO DA LUZ
Capítulo 14, A edificação cristã

Janeiro | 28

Toda vez que obstáculos se nos interponham entre o dever da ação e a necessidade da cooperação no serviço do bem aos semelhantes, que redundará sempre em benefício a nós mesmos, peçamos o Auxílio Divino, através da prece silenciosa, e atendamos a todos aqueles que nos digam respeito à tranquilidade da consciência; mas, à frente de quaisquer outros, sem qualquer fundamento sério na vida espiritual, tenhamos suficiente coragem para romper com eles, na certeza de que, com a bênção de Deus, saberemos atravessar todas as crises e empeços da luta cotidiana se nos dispusermos a trabalhar.

RUMO CERTO
Capítulo 8, Obstáculos

# 29 | Janeiro

A noite não tarda e, no bojo de suas sombras compactas, não nos esqueçamos de Jesus, cuja Misericórdia Infinita, como sempre, será a claridade imortal da alvorada futura, feita de paz, de fraternidade e de redenção.

A CAMINHO DA LUZ
Capítulo 25, O Evangelho e o futuro

Janeiro | 30

Reverencia aqueles que partiram na direção da Vida Maior, mas converte saudade e pesar em esperança e serviço ao próximo, trabalhando com eles e por eles, em termos de confiança e reconforto, bondade e união, porquanto eles todos, acima de tudo, são companheiros renovados e ativos, aos quais fatalmente, um dia, te reunirás.

Encontro marcado
Capítulo 24, Em favor dos desencarnados

# 31 | Janeiro

Serve a alguém e esse alguém, com todos os recursos que lhe assessorem a existência, estará induzido a servir-te.

RUMO CERTO
Capítulo 12, Segurança

# Fevereiro

# 1 | Fevereiro

Fluidos misteriosos ligam a Deus todas as belezas da sua Criação Perfeita e Inimitável. Os homens terão, portanto, o seu quinhão de felicidade imorredoura, quando estiverem integrados na harmonia com o seu Criador.

―――――――

Emmanuel
A tarefa dos guias espirituais

Fevereiro | 2

Pessimismo e azedume transformam pequeninos contratempos da vida em desastres grandes do coração.

ENCONTRO MARCADO
Capítulo 2, Analisar

# 3 | Fevereiro

Quando lá fora se prepara o mundo para as lutas mais dolorosas e mais rudes, devemos agradecer a Jesus a felicidade de nos conservarmos em paz em nossa oficina, sob a égide do seu Divino Amor.

A CAMINHO DA LUZ
Conclusão

Fevereiro | 4

O tempo, implacável dominador de civilizações e homens, marcha apenas com sessenta minutos por hora, mas nunca se detém.

Guardemos a lição e caminhemos para diante, com a melhoria de nós mesmos.

Devagar, mas sempre.

---

PALAVRAS DE EMMANUEL
Capítulo 2, A ciência do tempo

# 5 | Fevereiro

Quem ajuda é ajudado, encontrando, em silêncio, a mais segura fórmula de ajuste aos processos da evolução.

PENSAMENTO E VIDA
Capítulo 3, Cooperação

Fevereiro | 6

Desânimo é fruto envenenado da ilusão que alimentamos a nosso respeito. Ele nos faz sentir pretensamente superiores a milhares de irmãos que, retendo qualidades não menos dignas que as nossas, carregam por amor fardos de sacrifício, dos quais diminutas parcelas nos esmagariam os ombros.

Venha o desânimo como vier, certifica-te de que a forma ideal para arredar-lhe a sombra será compreender, auxiliar, abençoar e servir sempre.

---

Rumo certo
Capítulo 1, Ele atenderá

# 7 | Fevereiro

Tuas ações constituem recursos que sorveste na organização crediária da vida. Tuas reações, porém, são as garantias que lhe preservam a estabilidade ou os golpes que lhe desmerecem o valor, conforme o bem ou o mal a que te afeiçoes. Se as tuas reações forem constantemente elevadas, decerto que as tuas realizações serão sempre respeitáveis e dignas.

---

Rumo certo
Capítulo 10, Ações e reações

Fevereiro | 8

A guerra efetivamente flagela a Humanidade, semeando terror e morticínio entre as nações; entretanto, a afeição erradamente orientada, por meio do compromisso escarnecido, cobre o mundo de vítimas.

VIDA E SEXO
Capítulo 6, Compromisso afetivo

# 9 | Fevereiro

A morte significa apenas uma nova modalidade de existência, que continua, sem milagres e sem saltos.

[...] O livre-arbítrio relativo nunca é ab-rogado em todos nós; em conjunto, somos obrigados, em qualquer plano da vida, a trabalhar pelo nosso próprio adiantamento.

---

EMMANUEL
Capítulo 1, Necessidade do esforço próprio

Fevereiro | 10

Ninguém progride ou se aperfeiçoa sem o contato social, o que vale afirmar que é preciso não apenas saber viver, mas também conviver.

## Encontro marcado
Capítulo 2, Analisar

# 11 | Fevereiro

Jesus foi o divino escultor da obra geológica do planeta. Junto de seus prepostos, iluminou a sombra dos princípios com os eflúvios sublimados do seu amor, que saturaram todas as substâncias do mundo em formação.

---

O CONSOLADOR
Item 85, Ciências combinadas

Fevereiro | 12

Toda crise é fonte sublime de espírito renovador para os que sabem ter esperança.

PALAVRAS DE EMMANUEL
Capítulo 3, Advertências proveitosas

# 13 | Fevereiro

Corre-nos, pois, o dever de estudar sempre, escolhendo o melhor para que as nossas ideias e exemplos reflitam as ideias e os exemplos dos paladinos da *luz*.

---

PENSAMENTO E VIDA
Capítulo 4, Instrução

## Fevereiro | 14

Guardes o coração conturbado ou ferido, magoado ou desfalecente, serve em favor dos que te amparem ou desajudem, entendam ou caluniem.

Ainda que todos os apoios humanos te falhem de improviso, nada precisas temer.

Tens contigo, à frente e à retaguarda, à esquerda e à direita, a força do Companheiro Invisível que te resolve os problemas sem perguntar e que te provê com todos os recursos indispensáveis à paz e à sustentação de teus dias. Ele, que ama, trabalha e serve sem descanso, espera que ames, trabalhes e sirvas quanto possas.

---

Rumo certo
Capítulo 1, Ele atenderá
Chico Xavier | Emmanuel

# 15 | Fevereiro

Provas, aflições, problemas e dificuldades se erigem na existência como sendo patrimônio de todos. O que nos diferencia, uns diante dos outros, é a nossa maneira peculiar de apreciá-los e recebê-los.

---

Rumo certo
Capítulo 10, Ações e reações

Fevereiro | 16

As leis do Universo esperar-nos-ão pelos milênios afora, mas terminarão por se inscreverem, a caracteres de luz, em nossas próprias consciências. E essas leis determinam que amemos os outros qual nos amamos.

VIDA E SEXO
Capítulo 6, Compromisso afetivo

# 17 | Fevereiro

Não basta fazer do Cristo Jesus o benfeitor que cura e protege. É indispensável transformá-lo em padrão permanente da vida, por exemplo e modelo de cada dia.

---

PALAVRAS DE EMMANUEL
Capítulo 35, Recomendações úteis

Fevereiro | 18

A alma, em se voltando para Deus, não deve ter em mente senão a humildade sincera na aceitação de Sua Vontade Superior.

EMMANUEL
Capítulo 1, Às almas enfraquecidas

## 19 | Fevereiro

Equilíbrio e respeito mútuo são as bases do trabalho de quantos se propõem garantir a felicidade conjugal, de vez que, repitamos, o lar é semelhante ao comboio em que filhos, parentes, tutores e afeiçoados são passageiros.

ENCONTRO MARCADO
Capítulo 51, Ante o divórcio

Fevereiro | 20

Nos dias nublados, quando as sombras se amontoem ao redor de teus passos, converte toda tendência à lamentação em mais trabalho, e transfigura as muitas palavras de autojustificação que desejarias dizer em mais serviço, conversando com os outros através do idioma inarticulado do dever retamente cumprido; porquanto se, em verdade, não temos o coração claramente aberto à observação dos que nos cercam no mundo, a todo instante, a justiça nos segue, e em toda parte Deus nos vê.

---

RUMO CERTO
Capítulo 11, Acusação indébita

# 21 | Fevereiro

A luta e o trabalho são tão imprescindíveis ao aperfeiçoamento do Espírito, como o pão material é indispensável à manutenção do corpo físico. É trabalhando e lutando, sofrendo e aprendendo, que a alma adquire as experiências necessárias na sua marcha para a perfeição.

---

O CONSOLADOR
Item 131, Experiência

Fevereiro | 22

Esperemos a providência d'Aquele que guarda em suas mãos augustas e misericordiosas a direção do mundo.

---

A CAMINHO DA LUZ
Capítulo 8, A China milenária

# 23 | Fevereiro

O Bem Eterno é a mesma luz para todos, mas concentrando-lhe a força em nós, por intermédio de positiva segurança íntima, decerto com mais eficiência lhe retrataremos a glória.

―――――――――

PENSAMENTO E VIDA
Capítulo 6, Fé

Fevereiro | 24

Em qualquer tempo, lugar, dia ou circunstância, em que te sintas à beira da queda na tentação ou na angústia, chama por Ele.

Ele te atenderá pelo nome de Deus.

RUMO CERTO
Capítulo 1, Ele atenderá

## 25 | Fevereiro

Se trazes a consciência tranquila, entre os limites naturais de tuas obrigações ante as obrigações alheias, ora pelos que te censuram ou injuriam e prossegue centralizando a própria atenção no desempenho dos encargos que o Senhor te confiou, uma vez que o tempo é o juiz silencioso de cada um de nós.

---

RUMO CERTO
Capítulo 11, Ausação indébita

Fevereiro | 26

Sabemos que a justiça humana comina punições para os atos de pilhagem na esfera das realidades objetivas, considerando a respeitabilidade dos interesses alheios; no entanto, os legisladores terrestres perceberão igualmente, um dia, que a Justiça Divina alcança também os contraventores da lei do amor e determina se lhes instale nas consciências os reflexos do saque afetivo que perpetram contra os outros.

VIDA E SEXO
Capítulo 6, Compromisso afetivo

# 27 | Fevereiro

A boa ação é sempre aquela que visa ao bem de outrem e de quantos lhe cercam o esforço na vida.

---

O CONSOLADOR
Item 185, Dever

Fevereiro | 28

No fim de todas as dores, abre-se uma aurora de ventura imortal; dos amargores experimentados, das lições recebidas, dos ensinamentos conquistados à custa de insano esforço e de penoso labor, tece a alma sua auréola de eternidade gloriosa; eis que os túmulos se quebram e da paz cheia de cinzas e sombras, dos jazigos, emergem as vozes comovedoras dos mortos. Escutai-as!... elas vos dizem da felicidade do dever cumprido, dos tormentos da consciência nos desvios das obrigações necessárias.

---

EMMANUEL
Capítulo 1, Às almas enfraquecidas

## 29 | Fevereiro

O homem viajará pelo firmamento, a longas distâncias do lar em que se lhe vincula o corpo físico; no entanto, não logrará fazê-lo sem obediência aos princípios que vigem para os movimentos da máquina que o transporta.

---

PENSAMENTO E VIDA
Capítulo 21 – Dever

# Março

# 1 | Março

Age, porém, de tal modo que o mal não venha a surgir provocando contenção. Seja onde for, tanto quanto possível, faze o bem antes dele.

---

Encontro marcado
Capítulo 10, Assistência particular

Março | 2

Se procuras, amigo, a luz espiritual; se a animalidade já te cansou o coração, lembra-te de que, em Espiritualismo, a investigação conduzirá sempre ao Infinito, tanto no que se refere ao campo infinitesimal, como à esfera dos astros distantes, e que só a transformação de ti mesmo, à luz da Espiritualidade Superior, te facultará acesso às fontes da Vida Divina.

---

Palavras de Emmanuel
Capítulo 3, Advertências proveitosas

# 3 | Março

Se o homem pudesse contemplar com os próprios olhos as correntes de pensamento, reconheceria, de pronto, que todos vivemos em regime de comunhão, segundo os princípios da afinidade.

---

PENSAMENTO E VIDA
Capítulo 8, Associação

Março | 4

Em todas as provas que te assaltem os dias, considera a cota das bênçãos que te rodeiam, e, escorando-te na fé e na paciência, reconhecerás que a Divina Providência está agindo contigo e por teu intermédio, sustentando-te em meio aos problemas que te marcam a estrada para doar-lhes a solução.

RUMO CERTO
Capítulo 3, Provas e bênçãos

## 5 | Março

Ouve a todos, trabalhando e trabalhando.
Responde a tudo, servindo e servindo.

RUMO CERTO
Capítulo 11, Acusação indébita

Março | 6

Indiscutivelmente, os débitos que abraçamos são anotados na contabilidade da Vida; todavia, antes que a vida os registre por fora, grava em nós mesmos, em toda a extensão, o montante e os característicos de nossas faltas.

---

VIDA E SEXO
Capítulo 9, União infeliz

# 7 | Março

Amai muito, embora com amargos sacrifícios, porque o amor é a única moeda que assegura a paz e a felicidade no Universo.

―――――――

EMMANUEL
Capítulo 1, Às almas enfraquecidas

Março | 8

Através do amor valorizamo-nos para a vida.

Através da sabedoria somos pela vida valorizados.

---

Pensamento e vida
Capítulo 4, Instrução

# 9 | Março

Agradeçamos as contribuições que a Bondade Divina e a fraternidade humana nos estendem a cada passo, mas não nos esqueçamos do dever de servir, voluntariamente, no bem de todos, a favor de nós mesmos, porquanto as leis do Universo corrigem o mal, onde o mal apareça; contudo, em matéria de aperfeiçoamento moral, jamais constrangem a consciência.

―――――――

Encontro marcado
Capítulo 59, Auxílio e esforço próprio

Março | 10

Esquecer o mal é aniquilá-lo, e perdoar a quem o pratica é ensinar o amor, conquistando afeições sinceras e preciosas. Daí a necessidade do perdão, no mundo, para que o incêndio do mal possa ser exterminado, devolvendo-se a paz legítima aos corações.

O CONSOLADOR
Item 187, Dever

# 11 | Março

Aprende a semear a luz no solo dos corações, conduzindo o arado milagroso do amor, para que as sombras da ignorância abandonem a Terra para sempre.

---

PALAVRAS DE EMMANUEL
Capítulo 4, Amor e fraternidade

Março | 12

Estejamos, assim, procurando incessantemente o bem, ajudando, aprendendo, servindo, desculpando e amando, porque, nessa atitude, refletiremos os cultivadores da luz, resolvendo, com segurança, o nosso problema de companhia.

PENSAMENTO E VIDA
Capítulo 8, Associação

# 13 | Março

Se tens a posse da virtude, que te assegura paz e conhecimento, não fujas de socorrer aqueles que sabes em duros problemas na conquista do próprio equilíbrio e sustentação.

---

Rumo certo
Capítulo 4, Provas da virtude

## Março | 14

Quando estiveres à bica de maldizer as provações que a Terra te ofereça por lições beneméritas, pensa na estagnação em que se nos erigiria o caminho, se não houvesse a mudança, que tantas vezes se nos expressa à custa de sofrimento.

---

Rumo certo
Capítulo 14, Tribulações

# 15 | Março

Nas ligações terrenas, encontramos as grandes alegrias; no entanto, é também dentro delas que somos habitualmente defrontados pelas mais duras provações. Isso porque, embora não percebamos de imediato, recebemos, quase sempre, no companheiro ou na companheira da vida íntima, os reflexos de nós próprios.

Vida e sexo
Capítulo 9, União infeliz

Março | 16

Trabalhemos por Jesus, ainda que a nossa oficina esteja localizada no deserto das consciências.

Todos somos chamados ao grande labor e o nosso mais sublime dever é responder aos apelos do Escolhido.

A CAMINHO DA LUZ
Capítulo 25, O Evangelho e o futuro

# 17 | Março

Com o tesouro dos seus exemplos e das suas palavras, deixa o Mestre entre os homens a sua Boa-Nova. O Evangelho do Cristo é o transunto de todas as filosofias que procuram aprimorar o Espírito, norteando-lhe a vida e as aspirações.

---

**EMMANUEL**
Capítulo 2, A ascendência do Evangelho

Março | 18

Amarás os teus cooperadores e aprenderás a conduzi-los com paciência e bondade, reconhecendo que, qual ocorre contigo mesmo, somente na forja do trabalho e do tempo revelará cada um deles o tamanho do seu ideal e a sua força de ação.

---

Encontro marcado
Capítulo 25, Cooperadores

# 19 | Março

O sentimento e a sabedoria são as duas asas com que a alma se elevará para a perfeição infinita.

---

O CONSOLADOR
Item 204, Intelectualismo

Março | 20

Somos hoje, deste modo, herdeiros positivos dos reflexos de nossas experiências de ontem, com recursos de alterar-lhes a direção para a verdadeira felicidade.

---

PENSAMENTO E VIDA
Capítulo 9, Sugestão

# 21 | Março

Saber não é tudo. É necessário fazer. E para bem fazer, homem algum dispensará a calma e a serenidade, imprescindíveis ao êxito, nem desdenhará a cooperação, que é a companheira dileta do amor.

---

Palavras de Emmanuel
Capítulo 3, Advertências proveitosas

Março | 22

Nossas emoções, pensamentos e atos são elementos dinâmicos de indução.

---

PENSAMENTO E VIDA
Capítulo 9, Sugestão

# 23 | Março

Entendendo-se a paciência, à maneira de ciência da paz, não procures a paz, a distância, uma vez que ela reside em ti mesmo.

---

Rumo certo
Capítulo 6, Diante da paz

Março | 24

Confiemos em Deus e supliquemos o amparo de Deus; mas se quisermos receber a Bênção Divina, procuremos esvaziar o coração de tudo aquilo que discorde das nossas petições, a fim de oferecer à Bênção Divina clima de aceitação, base e lugar.

RUMO CERTO
Capítulo 18, Petição e resposta

# 25 | Março

O Evangelho do Divino Mestre ainda encontrará, por algum tempo, a resistência das trevas. A má-fé, a ignorância, a simonia, o império da força conspirarão contra ele, mas tempo virá em que a sua ascendência será reconhecida. Nos dias de flagelo e de provações coletivas, é para a sua luz eterna que a Humanidade se voltará, tomada de esperança.

EMMANUEL
Capítulo 2, A ascendência do evangelho

Março | 26

Deus é Amor. Em vista de semelhante verdade, Ele te pede que ames o próximo, de tal maneira que te transfigures em mensagem viva de compreensão e socorro fraternal a cada irmão da Humanidade que te partilhe a experiência.

---

ENCONTRO MARCADO
Capítulo 16, Deus e nós

# 27 | Março

[...] Só o esforço individual no Evangelho de Jesus pode iluminar, engrandecer e redimir o Espírito, porquanto, depois de vossa edificação com o exemplo do Mestre, alcançareis aquela verdade que vos fará livres.

O CONSOLADOR
Item 219, Necessidade

Março | 28

Cada aprendiz há de ser uma página viva do livro que Jesus está escrevendo com o material evolutivo da Terra. O discípulo gravará o Evangelho na própria existência ou então se preparará ao recomeço do aprendizado, porquanto, sem fixar em si mesmo a luz da lição, debalde terá crido.

PALAVRAS DE EMMANUEL
Capítulo 5, Aos aprendizes do Evangelho

# 29 | Março

Todos exteriorizamos a energia mental, configurando as formas sutis com que influenciamos o próximo, e todos somos afetados por essas mesmas formas, nascidas nos cérebros alheios.

---

PENSAMENTO E VIDA
Capítulo 9, Sugestão

Março | 30

Não te encerres no passado, com a suposição de honrar a vida. Cada tempo da criatura na Terra se caracteriza por determinada grandeza, que não será lícito falsear. A infância tem a suavidade da semente que germina; a juventude guarda o encanto da flor que desabrocha; e a madureza apresenta a glória tranquila da árvore frutescente.

ENCONTRO MARCADO
Capítulo 24, Em favor dos desencarnados

# 31 | Março

Surpreendendo a discórdia, permanece com a verdade e aclara o caminho, mas emite pensamentos de paz no rumo dos irmãos em contenda; e, se podes falar, pronuncia a frase edificante que consiga ajudar a extinguir os focos de perturbação ou desequilíbrio.

RUMO CERTO
Capítulo 6, Diante da paz

# Abril

# 1 | Abril

Justo lembrar que assim como nos acomodamos, obedientes, para ouvir o professor trazido a ensinar-nos, é forçoso igualmente assentar a emotividade na carteira do raciocínio, a fim de educá-la, educando-nos; e, aplicando os princípios de fraternidade e de amor que abraçamos, convidaremos os nossos próprios sentidos à necessária renovação.

---

RUMO CERTO
Capítulo 19, Conquista íntima

Abril | 2

Edificante é a investigação, o estudo acerca do Cristianismo nos primeiros tempos de sua história; edificante lembrarmos as apagadas figuras de pescadores humildes, grosseiros e quase analfabetos, a enfrentarem o extraordinário e secular edifício erguido pelos triunfos romanos, objetivando a sua reforma integral.

---

EMMANUEL
Capítulo 3, Roma e a Humanidade

# 3 | Abril

Para alcançar a paciência e o heroísmo domésticos, faz-se mister a mais entranhada fé em Deus, tomando-se como espelho divino a exemplificação de Jesus, no seu apostolado de abnegação e de dor, à face da Terra.

O CONSOLADOR
Item 188, Dever

Abril | 4

Deus é Misericórdia. Fácil reconhecer que ele aguarda lhe adotes as normas de tolerância construtiva, perdoando quantas vezes se fizerem necessárias o companheiro que se terá desviado da senda justa, propiciando-lhe novas oportunidades de serviço e elevação, no nível em que se coloque.

---

Encontro marcado
Capítulo 16, Deus e nós

# 5 | Abril

Toda a passagem do Senhor, entre os homens, desde a manjedoura, que estabelece o hábito da simplicidade, até a cruz afrontosa, que cria o hábito da serenidade e da paciência, com a certeza da ressurreição para a vida eterna, o apostolado de Jesus é um resplendente conjunto de reflexos do caminho celestial para a redenção do caminho humano.

Pensamento e vida
Capítulo 20, Hábito

Abril | 6

Quem perdoa sinceramente, fá-lo sem condições e olvida a falta no mais íntimo do coração; todavia, a boa palavra é sempre útil e a ponderação fraterna é sempre um elemento de luz, clarificando o caminho das almas.

---

O CONSOLADOR
Item 334, Perdão

# 7 | Abril

A caridade é luz da vida superior, cujos raios reconstituem a saúde e a alegria da alma, na condição de terapia divina. Por ela, deitarás bálsamo curativo nas grandes chagas alheias e, com ela, tornarás, cada dia, para as tuas dores menores, rendendo graças a Deus.

---

ENCONTRO MARCADO
Capítulo 11, Em louvor dos outros

Abril | 8

A escola é um lar de iniciação para as almas que começam as lides do burilamento intelectual, constituindo, simultaneamente, um centro de reflexos condicionados para milhões de Espíritos que reencarnam para readquirir pelo alfabeto o trabalho das próprias conquistas na esfera da inteligência.

PENSAMENTO E VIDA
Capítulo 9, Sugestão

# 9 | Abril

Renteando com alguma criatura menos feliz, por maiores sejam os motivos que a tornem pouco simpática, rememora os vínculos de fraternidade que nos unem fundamentalmente uns aos outros e procura ampará-la mentalmente, abençoando-lhe a presença com silenciosas mensagens de amor e renovação.

---

RUMO CERTO
Capítulo 6, Diante da paz

Abril | **10**

Cada um de nós, onde esteja, é examinado pela Vida Superior nas tendências inferiores nas quais já faliu em existências passadas, e apenas conseguiremos a vitória sobre nós mesmos quando repetirmos as operações do bem sobre o mal que nos procure, tantas vezes quantas sejam necessárias, mesmo além do débito pago ou da mancha extinta.

---

RUMO CERTO
Capítulo 21, Tentação e virtude

# 11 | Abril

[...] vemos, pelo testemunho da História, gestos de beleza moral, dignos de monumentos imperecíveis. Foi assim que, contando com a animadversão das autoridades da Filosofia em voga na época, os seguidores do Cristo sentiram forte amparo na voz esclarecida de Tertuliano, Clemente de Alexandria, Orígenes e outras sumidades do tempo.

---

EMMANUEL
Capítulo 3, Roma e a Humanidade

Abril | 12

Sem dúvida, em lugar algum e em tempo algum, nada conseguiremos, na essência, planejar, organizar, conduzir, instituir ou fazer sem Deus; no entanto, em atividade alguma, não nos é lícito olvidar que Deus igualmente espera por nós.

---

ENCONTRO MARCADO
Capítulo 16, Deus e nós

# 13 | Abril

Ninguém nega a importância do instrumento nessa ou naquela realização; no entanto, convém recordar o imperativo de humildade que nos cabe desenvolver, diante do Senhor, que se serve de nós, segundo as nossas capacidades, na edificação do Reino de Deus.

---

Encontro marcado
Capítulo 49, Em torno da humildade

Abril | 14

Todas as doutrinas religiosas têm a sua razão de ser no seio das coletividades, onde foram chamadas a desempenhar a missão de paz e de concórdia humana. Todos os seus males provêm justamente dos abusos do homem, em amoldá-las ao abismo de suas materialidades habituais.

PALAVRAS DE EMMANUEL
Capítulo 10, Convém não esquecer

# 15 | Abril

Somos, assim, responsáveis pela nossa ligação com as forças construtivas do bem ou com as forças perturbadoras do mal.

---

Pensamento e vida
Capítulo 9, Sugestão

Abril | 16

Se recebes notícias acerca das aflições e provas de alguém, endereça a esse alguém pensamentos de compreensão e consolo que lhe favoreçam o reajuste.

---

RUMO CERTO
Capítulo 6, Diante da paz

# 17 | Abril

Não desprezes o pouco que se possa fazer pela felicidade dos semelhantes, recordando que mais vale um pão nas horas de necessidade e carência que um banquete nos dias de saciedade e vitória.

---

Rumo certo
Capítulo 29, Serviço e migalha

Abril | **18**

O sorriso de fraternidade, a ajuda silenciosa, a humildade sem alarde, a flor da gentileza e o gesto amigo cabem, prodigiosamente, em qualquer parte.

---

PALAVRAS DE EMMANUEL
Capítulo 4, Amor e fraternidade

# 19 | Abril

No futuro, viverá a Humanidade fora desse ambiente de animosidade entre a Ciência e a Religião, e julgo mesmo que em nenhuma civilização pode a primeira substituir a segunda. Uma e outra se completam no processo de evolução de todas as almas para o Criador e para a perfeição de sua obra.

---

EMMANUEL
Capítulo 4, A base religiosa

Abril | 20

Humildade não é omitir-nos e sim conservar-nos no lugar de trabalho em que fomos situados pela Sabedoria Divina, cumprindo os nossos deveres, sem criar problemas, e oferecendo à construção do bem de todos o melhor concurso de que sejamos capazes.

ENCONTRO MARCADO
Capítulo 49, Em torno da humildade

# 21 | Abril

Aqui reconhecemos quão sublime é a lei de liberdade das consciências, e dessa emancipação provém a necessidade da luta e do aprendizado.

---

EMMANUEL
Capítulo 5, A necessidade da experiência

Abril | 22

É justo recomendar muito cuidado aos que se interessam pelas vantagens da política humana, reportando-se a Jesus e tentando explicar, pelo Evangelho, certos absurdos em matéria de teorias sociais. Quase sempre, a lei humana se dirige ao governado, nesta fórmula: — *O que tens me pertence.*

O Cristianismo, porém, pela boca inspirada de Pedro, assevera aos ouvidos do próximo: — *O que tenho, isso te dou.*

Já meditaste na grandeza do mundo, quando os homens estiverem resolvidos a dar do que possuem para o edifício da evolução universal?

---

Palavras de Emmanuel
Capítulo 13, Cristo e Cristianismo

# 23 | Abril

O caminho que iniciamos em determinada existência é o prolongamento dos caminhos que percorremos naquelas que a precederam.

---

Pensamento e vida
Capítulo 11, Berço

Abril | 24

Reflete na importância de tua própria imortalidade e recorda, onde estejas, que a paz de teu ambiente começa invariavelmente de ti.

RUMO CERTO
Capítulo 6, Diante da paz

# 25 | Abril

Somos Espíritos eternos, e, conquanto nos caiba o dever de aproveitar as experiências do passado no que evidenciem de útil e de preparar o futuro para que o destino se nos faça mais elevado, lembremo-nos de que somos chamados nas áreas do *agora* a viver um dia de cada vez.

---

Rumo certo
Capítulo 34, Escândalo e nós

Abril | 26

Sobre as ruínas, sobre os escombros das civilizações mortas e dos templos desmoronados, nós viveremos eternamente. Uma justiça soberana, íntegra e misericordiosa preside aos nossos destinos.

Emmanuel
Capítulo 4, A base religiosa

# 27 | Abril

Em verdade, o aprendizado evolutivo não dispensa o trabalho da análise. Olhos são instrumentos para ver. Discernimento exige raciocinar. Todos, porém, que já despertaram para a responsabilidade de construir e elevar são chamados a ver e a raciocinar para o bem comum.

---

Encontro marcado
Capítulo 2, Analisar

Abril | 28

Razão sem luz pode transformar-se em simples cálculo.

Instrução e ciência são portas de acesso à educação e à sabedoria.

Quem apenas conhece nem sempre sabe.

PALAVRAS DE EMMANUEL
Capítulo 39, Temas variados

# 29 | Abril

Os bons pensamentos produzem sempre o máximo bem sobre aqueles que representam o seu objetivo, por se enquadrarem na essência da Lei Única, que é o Amor em todas as suas divinas manifestações; os de natureza inferior podem afetar o seu objeto, em identidade de circunstâncias, quando a criatura se fez credora desses choques dolorosos, na justiça das compensações.

O CONSOLADOR
Item 53, Psicologia

Abril | **30**

É muito importante o conhecimento do bem, mas que não esqueçamos as boas obras; é justo se nos dilate a esperança, diante do futuro, à frente da sublimidade dos outros mundos em glorioso porvir, mas não olvidemos os pequeninos deveres da hora que passa.

---

PALAVRAS DE EMMANUEL
Capítulo 15, Direitos e deveres

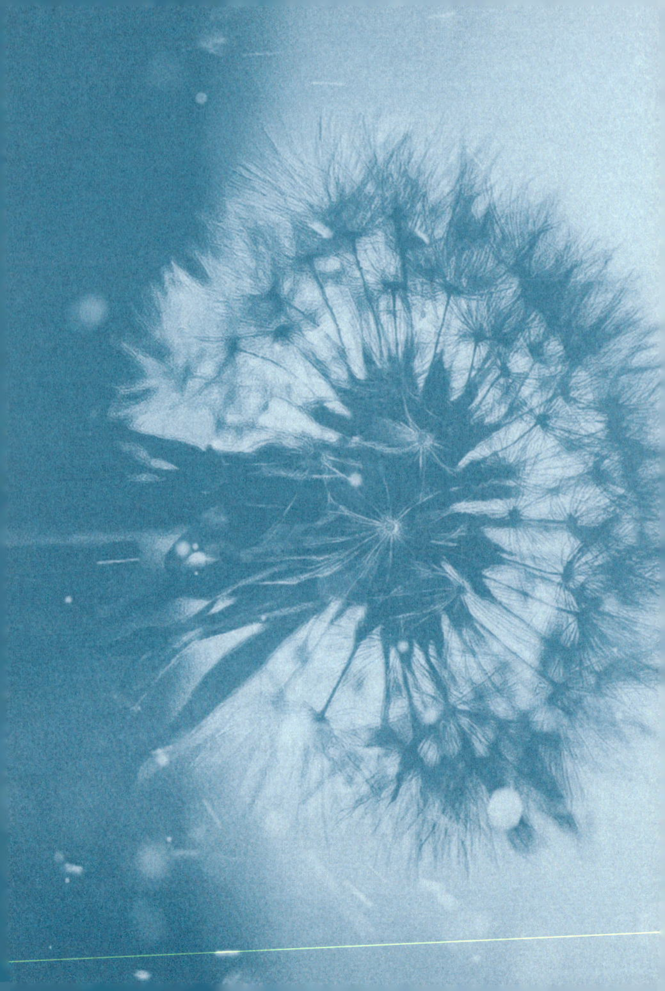

# Maio

# 1 | Maio

Não olvidemos que Jesus passou entre nós, trabalhando. Examinemos a natureza de sua cooperação sacrificial e aprendamos com o Mestre a felicidade de servir santamente.

Podes começar hoje mesmo.

Uma enxada ou uma caçarola constituem excelentes pontos de início. Se te encontras enfermo, de mãos inabilitadas para a colaboração direta, podes principiar mesmo assim, servindo na edificação moral de teus irmãos.

---

PALAVRAS DE EMMANUEL
Capítulo 40, Trabalho

Maio | 2

Apequenar-se para ajudar, sem perder altura, é assegurar a melhoria de todos, acentuando a própria sublimação.

Pensamento e vida
Capítulo 10, Entendimento

# 3 | Maio

Esperas ansiosamente encontrar o Senhor, e um dia chegarás à Divina Presença; entretanto, antes de tudo, a vida te encaminha à presença do próximo, porque o próximo é sempre o degrau da bendita aproximação.

---

RUMO CERTO
Capítulo 9, O próximo e nós

## Maio | 4

Ele é a luz do princípio e nas suas mãos misericordiosas repousam os destinos do mundo. Seu coração magnânimo é a fonte da vida para toda a Humanidade terrestre. Sua mensagem de amor, no Evangelho, é a eterna palavra da ressurreição e da justiça, da fraternidade e da misericórdia. Todas as coisas humanas passaram, todas as coisas humanas se modificarão. Ele, porém, é a luz de todas as vidas terrestres, inacessível ao tempo e à destruição.

---

A CAMINHO DA LUZ
Introdução

# 5 | Maio

Convençamo-nos todos de que todos os males, os nossos e os dos outros, ficarão um dia para trás, em definitivo. Toda sombra chega e passa, à feição de nuvem perante o Sol. Permanecerá no Universo, acima de tudo e para sempre, O Sol da Providência Divina. E na luz da Providência Divina, todos os mundos e todos os seres se encadeiam na corrente do amor eterno, em permanente e vitoriosa sublimação.

---

Rumo certo
Capítulo 36, As outras pessoas

Maio | 6

É indispensável amar e desculpar, compreender e servir, tantas vezes quantas se façam necessárias, de modo a que sofrimento e dissensão desapareçam e a fim de que, nas bases da compreensão e da bondade de hoje, as crianças de hoje se levantem na condição de Espíritos reajustados, perante as Leis do Universo, garantindo aos adultos, nas trilhas das reencarnações porvindouras, a redenção de seus próprios destinos.

---

Vida e sexo
Capítulo 16, Aversões

# 7 | Maio

Guardai convosco o sagrado patrimônio das crenças, porque, acima das coisas transitórias do mundo, há uma sabedoria integral e uma ordem inviolável. Lutemos, pois, com destemor e coragem, porque Deus é justo e a alma é imortal.

---

EMMANUEL
Capítulo 4, A base religiosa

Maio | 8

A preocupação de prover as necessidades daqueles que estimamos não é tão somente legítima, é indispensável. E tudo o que pudermos ofertar-lhes em abnegação redundará em sementeira de luz e amor a frutescer, um dia, em amparo e felicidade para nós mesmos.

---

ENCONTRO MARCADO
Capítulo 54, Entes amados

# 9 | Maio

A energia serena edifica sempre, na construção dos sentimentos purificadores; mas a cólera impulsiva, nos seus movimentos atrabiliários, é um vinho envenenado de cuja embriaguez a alma desperta sempre com o coração tocado de amargosos ressaibos.

O CONSOLADOR
Item 181, Afeição

MAIO | 10

O amor puro é o reflexo do Criador em todas as criaturas.

PENSAMENTO E VIDA
Capítulo 30, Amor

# 11 | Maio

Confia-te ao Senhor para que Ele te use na oficina da bondade, e, por mais que o malho da experiência te vibre golpes no espírito, nada mais fará que te burilar o coração para a imortalidade vitoriosa.

---

Encontro marcado
Capítulo 47, Entre o bem e o mal

Maio | 12

Não lhes censures a condição transitória, nem lhes adubes os desacertos. Ajuda-os com bondade, repetindo avisos e explicações para que se lhes consolide o discernimento.

---

Encontro marcado
Capítulo 39, Espíritas iniciantes

# 13 | Maio

Acolhendo-a, com amor, cabe-nos recordar que o coração da infância é urna preciosa a incorporar-nos os reflexos, troféu que nos retratará no grande futuro, no qual passaremos todos igualmente a viver, na função de herdeiros das nossas próprias obras.

---

Pensamento e vida
Capítulo 13, Filhos

Maio | 14

A pessoa aspira a possuir determinado sítio; a obter determinado emprego; a conquistar eficiência e êxito na realização de determinado negócio; na essência, entretanto, a criatura não deseja unicamente uma casa, e sim um lar onde possa exprimir livremente as suas próprias decisões; não anela simplesmente um encargo material, mas o ensejo de mostrar-se tal qual é, de maneira a fazer o melhor que pode; não intenta, de modo exclusivo, o domínio da posse financeira, mas anseia adquirir a certeza de que vive indene do assédio de empeços e dificuldades materiais.

---

RUMO CERTO
Capítulo 12, Segurança

# 15 | Maio

Além do Grande Cão, da Ursa, de Hércules, outras constelações atestam a Grandeza Divina. Os firmamentos sucedem-se ininterruptamente nas amplidões etéreas, mas a Humanidade, para Deus, é uma só, e o laço do seu amor reúne todos os seres.

---

EMMANUEL
Capítulo 16, As vidas sucessivas e os mundos habitados

Maio | 16

Todos somos defrontados, no cotidiano, por inúmeras pessoas que a vida nos traz à observação. Recebamo-las todas na condição de criaturas irmãs, portadoras de recursos e fraquezas, esperanças e sonhos, tarefas e lutas, problemas e dores semelhantes aos nossos.

Rumo certo
Capítulo 36, As outras pessoas

# 17 | Maio

Trabalhemos na grande colmeia da evolução, sem outra preocupação que não seja a de bem servir Àquele que, das Alturas, sabe de todas as nossas lutas e lágrimas.

---

A CAMINHO DA LUZ
Antelóquio

Maio | 18

O quadro material que existe na Terra não foi formado pela Vontade do Altíssimo; ele é o reflexo da mente humana, desvairada pela ambição e pelo egoísmo.

---

EMMANUEL
Capítulo 5, A necessidade da experiência

# 19 | Maio

Não pretendas estar na posse de qualidades perfeitas, o que pressuporia haveres chegado ainda hoje ao nível dos anjos. Todos somos, por enquanto, Espíritos imperfeitos, nos quadros evolutivos do trabalho que nos compete desenvolver e complementar.

Encontro marcado
Capítulo 4, Revisão e ajuste

Maio | 20

Hoje é e será constantemente a ocasião ideal para transformarmos maldição em bênção e sombra em luz. Ergamo-nos, cada manhã, com a decisão de fazer o melhor ao nosso alcance e reconheçamos que o próprio Sol se deixa contemplar, nos céus, de alvorecer em alvorecer, como a declarar-nos que o Criador Supremo é o Deus da Justiça, mas também da Misericórdia, da Ordem e da Renovação.

---

ENCONTRO MARCADO
Capítulo 6, Adivinhações

## 21 | Maio

O bem que praticares, em algum lugar, é teu advogado em toda parte.

———————

### Palavras de Emmanuel
Capítulo 18, Fé – Esperança – Caridade

Maio | 22

[...] é imperioso lembrar que reflexos geram reflexos e que não há pagamento sem justos atenuantes, quando o devedor se revela amigo da solução dos próprios débitos.

---

PENSAMENTO E VIDA
Capítulo 14, Corpo

# 23 | Maio

Doemos com espontaneidade algo de nós e, automaticamente, receberemos de tudo aquilo que houvermos dado.

---

Rumo certo
Capítulo 12, Segurança

Maio | 24

O Céu admite apenas que o mundo sofra as consequências de tão perniciosos elementos, porque a experiência é necessária como chave bendita que descerra as portas da compreensão.

―――――――

EMMANUEL
Capítulo 5, A necessidade da experiência

# 25 | Maio

Em verdade, o mundo se encontra em renovação incessante, qual sucede a nós próprios, e, nas horas de transformações essenciais, é compreensível que a Terra pareça uma casa em reforma, temporariamente atormentada pela transposição de linhas e reajustamento de valores tradicionais. Tudo em reexame, a fim de que se revalidem os recursos autênticos da civilização, escoimados da ganga dos falsos conceitos de progresso, dos quais a vida se despoja para seguir adiante, mais livre e mais simples, conquanto mais responsável e mais culta.

---

Encontro marcado
Capítulo 3, Ante as crises do mundo

Maio | 26

A felicidade tem base no dever cumprido.

---

PALAVRAS DE EMMANUEL
Capítulo 19, Felicidade

# 27 | Maio

A prática do bem, simples e infatigável, pode modificar a rota do destino, de vez que o pensamento claro e correto, com ação edificante, interfere nas funções celulares, tanto quanto nos eventos humanos, atraindo em nosso favor, por nosso reflexo melhorado e mais nobre, amparo, luz e apoio, segundo a lei do auxílio.

---

Pensamento e vida
Capítulo 14, Corpo

Maio | 28

Age em favor desta ou daquela causa, e essa mesma causa, pelas forças que a representam, agirá em teu próprio favor.

Rumo certo
Capítulo 12, Segurança

# 29 | Maio

Em matéria de tribulações, será justo salientar a taxa de sombra que comumente adicionamos à carga de provas salvadoras e regenerativas que, para nosso próprio benefício, a vida nos deu a carregar.

---

Rumo certo
Capítulo 37, Taxa de sombra

Maio | **30**

Sempre que as circunstâncias te coloquem no tribunal da própria observação algum quadro de sofrimento ou desequilíbrio, deixa que o ar puro da fé positiva no valor do serviço te ventile a cabeça, e surpreenderás o ângulo propício ao consolo ou à recuperação que te cabe empreender.

Encontro marcado
Capítulo 2, Analisar

# 31 | Maio

Há quem despreze a luta, mergulhando em nociva impassibilidade ante os combates que se travam no seio de todas as coletividades humanas; a indiferença anula na alma as suas possibilidades de progresso e oblitera os seus germens de perfeição, constituindo um dos piores estados psíquicos, porque, roubando à individualidade o entusiasmo do ideal pela vida, a obriga ao estacionamento e à esterilidade, prejudiciais em todos os aspectos à sua carreira evolutiva.

---

Emmanuel
Capítulo 5, A necessidade da experiência

# Junho

# 1 | Junho

O mecanismo das relações humanas, no fundo, assemelha-se à máquina que a indústria aciona em benefício da Humanidade. E para que um engenho vulgar funcione devidamente lubrificado, ninguém se lembrará de atirar-lhe um punhado de areia nas engrenagens com a ideia de liquidar o problema do atrito. Indiscutivelmente, todos necessitamos do óleo da compreensão e da compaixão nas crenas das rodas de nosso entendimento uns com os outros.

---

Encontro marcado
Capítulo 2, Analisar

Junho | 2

O homem renovado para o bem é a garantia substancial da felicidade humana.

PALAVRAS DE EMMANUEL
Capítulo 19, Felicidade

# 3 | Junho

Pelos contatos da profissão cria o homem vasta escola de trabalho, construindo a dignidade humana; contudo, pela abnegação emite reflexos da beleza divina, descerrando trilhos novos para o Reino Celestial.

***

Pensamento e vida
Capítulo 17, Profissão

## Junho | 4

Se és discípulo do Senhor, aproveita a oportunidade na construção do bem. Semeando paz, colherás harmonia; santificando as horas com o Cristo, jamais conhecerás o desamparo.

---

PALAVRAS DE EMMANUEL
Capítulo 9, Como vencer?

# 5 | Junho

Se a tentação nos apanha desprevenido, sacudindo-nos em rajadas de aflição, depois de atirar-nos a despenhadeiros de remorso, não nos será possível atribuir a outrem a culpa dos pesares que nos desajustam as províncias da alma e sim a nós, que não vigiamos suficientemente a tranquilidade de consciência.

Rumo certo
Capítulo 13, Um só problema

Junho | 6

Ação é serviço.

Oração é força.

Pela oração a criatura se dirige mais intensamente ao Criador, procurando-lhe apoio e bênção, e, através da ação, o Criador se faz mais presente na criatura, agindo com ela e em favor dela.

---

Rumo certo
Capítulo 42, Ação e oração

# 7 | Junho

A reencarnação traça rumos nítidos ao mútuo respeito que nos compete de uns para com os outros.

Entre pais e filhos, há naturalmente uma fronteira de apreço recíproco, que não se pode ultrapassar, em nome do amor, sem que o egoísmo apareça, conturbando-lhes a existência.

---

VIDA E SEXO
Capítulo 18, Pais e filhos

Junho | 8

Cada encarnação é como se fora um atalho nas estradas da ascensão. Por esse motivo, o ser humano deve amar a sua existência de lutas e de amarguras temporárias, porquanto ela significa uma Bênção Divina, quase um perdão de Deus.

---

Emmanuel
Capítulo 5, A necessidade da experiência

# 9 | Junho

Onde estiveres e sejas quem for, no grau de responsabilidade e serviço em que te situas, agradece aos Céus as alegrias do equilíbrio, as afeições, os dias róseos do trabalho tranquilo e as visões dos caminhos pavimentados de beleza e marginados de flores que te premiam a fé em Deus.

---

Encontro marcado
Capítulo 1, Cooperação com Deus

Junho | 10

Não basta sofrer simplesmente para ascender à glória espiritual. Indispensável é saber sofrer, extraindo as bênçãos de luz que a dor oferece ao coração sequioso de paz.

---

PALAVRAS DE EMMANUEL
Capítulo 20, Filosofia da dor

# 11 | Junho

A abnegação, que é sacrifício pela felicidade alheia, sublima o Espírito.

---

PENSAMENTO E VIDA
Capítulo 17, Profissão

Junho | 12

Em todos os trechos da vida – mais particularmente naqueles em que as tuas forças se vejam defrontadas pela provação–, procura tempo, através da meditação, para comungar com as Forças Divinas que nos baseiam a existência, e reconhecerás que estamos todos em Deus, tanto quanto cada partícula no corpo em que se integra e cada mundo no edifício do Universo de que todos partilhamos.

---

Rumo certo
Capítulo 46, Na trilha das provas

# 13 | Junho

Que o Mestre abençoe a cada um de vós, fortalecendo-vos a fé, para que possamos com Ele, com a sua Proteção e a sua Misericórdia, vencer na luta em que nos achamos empenhados.

---

EMMANUEL
Capítulo 6, Pela revivescência do Cristianismo

Junho | 14

Já agora, não mais se poderá abafar o ensinamento no silêncio escuro dos calabouços, porquanto uma nova concepção do direito e da liberdade felicita as criaturas.

---

EMMANUEL
Capítulo 6, Pela revivescência do Cristianismo

# 15 | Junho

Desilusões talvez te aniquilaram o canteiro em que cultivavas os primeiros rebentos da esperança e da fé viva; entretanto, se te dispões à renovação necessária, nada te impede de rearticulá-lo com segurança em bases de novo esforço e sementes novas.

---

Encontro marcado
Capítulo 4, Revisão e reajuste

Junho | 16

Em verdade, meu amigo, terás encontrado no Espiritismo a tua renovação mental.

O fenômeno terá modificado as tuas convicções.

As conclusões filosóficas alteraram, decerto, a tua visão do mundo.

Admites, agora, a imortalidade do ser.

Sentes a excelsitude do teu próprio destino.

---

ROTEIRO
Definindo rumos

# 17 | Junho

A escola é um centro de indução espiritual, onde os mestres de hoje continuam a tarefa dos instrutores de ontem.

PENSAMENTO E VIDA
Capítulo 4, Instrução

Junho | 18

Edificante é observarmos o sacrifício de tantos seres evolvidos que se consagram a sagrados labores, no planeta das sombras, quais os da regeneração de individualidades obcecadas no mal, operando abnegadamente a serviço da redenção de todas as almas, atirando-se com destemor a tarefas penosas, cheios de renúncia santificadora.

EMMANUEL
Capítulo 7, O labor das almas

# 19 | Junho

Estejamos convencidos, ante a Misericórdia de Deus, de que todo dia é tempo de progredir, aprender, melhorar e renovar.

---

ENCONTRO MARCADO
Capítulo 4, Revisão e reajuste

Junho | 20

Se uma força superior te não educa as emoções, se a cultura te não dirige para a elevação do caráter e do sentimento, que fazes do tesouro intelectual que a vida te confia?

---

ROTEIRO
Definindo rumos

# 21 | Junho

O determinismo do amor e do bem é a Lei de todo o Universo e a alma humana emerge de todas as catástrofes em busca de uma vida melhor.

A CAMINHO DA LUZ
Introdução

Junho | 22

Para encontrar o bem e assimilar-lhe a luz, não basta admitir-lhe a existência. É indispensável buscá-lo com perseverança e fervor.

---

PENSAMENTO E VIDA
Capítulo 6, Fé

# 23 | Junho

A maioria das nossas obras pessoais são como bolhas de água sabonada que se dispersam nos ares, porque, visando ao bem-estar e ao repouso do "eu", têm como base o egoísmo que atrofia a nossa evolução. Toda a felicidade do Espírito provém da felicidade que deu aos outros, todos os seus bens são oriundos do bem que espalhou desinteressadamente.

---

EMMANUEL
Capítulo 7, O labor das almas

Junho | 24

Pausar para refletir ou refazer.
Nunca estacionar para censurar ou lamentar.

---

ENCONTRO MARCADO
Capítulo 5, Renovações

# 25 | Junho

Se procuras contato com o Plano Espiritual, recorda que a morte do corpo não nos santifica. Além do túmulo, há também sábios e ignorantes, justos e injustos, corações no Céu e consciências no inferno purgatorial...

---

Roteiro
Definindo rumos

Junho | 26

A evolução é fruto do tempo infinito.

---

Roteiro
Capítulo 4, Na senda evolutiva

# 27 | Junho

Todas as operações da existência se desenvolvem, de algum modo, sob a energia da fé.

---

PENSAMENTO E VIDA
Capítulo 6, Fé

Junho | 28

Sacrificando-se em benefício dos semelhantes, experimentam, mesmo sob a cruz das dores, a suave emoção das venturas celestes que os aguardam nos planos aperfeiçoados do Infinito.

---

EMMANUEL
Capítulo 7, O labor das almas

# 29 | Junho

Queiramos ou não reconhecer a verdade, estamos mergulhados no oceano da Energia Divina, tanto quanto o peixe dentro d'água.

---

ENCONTRO MARCADO
Capítulo 5, Renovações

JUNHO | 30

Da sensação à irritabilidade, da irritabilidade ao instinto, do instinto à inteligência e da inteligência ao discernimento, séculos e séculos correram incessantes.

---

Roteiro
Capítulo 4, Na senda evolutiva

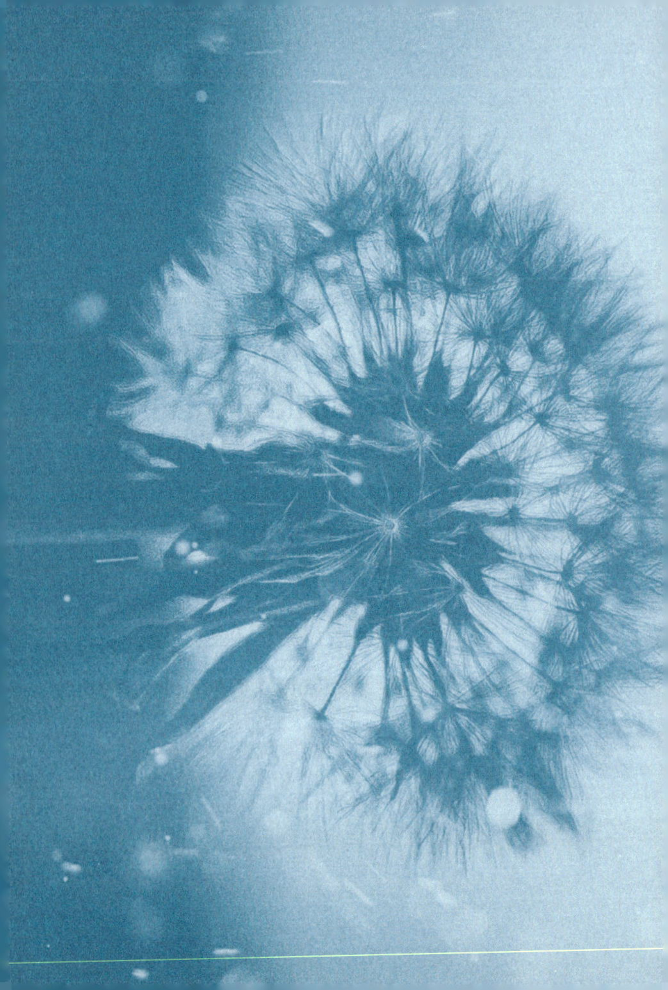

# Julho

# 1 | Julho

Nos círculos mais elevados do Espírito, o trabalho não é imposto. A criatura consciente da verdade compreende que a ação no bem é ajustamento às Leis de Deus e a ela se rende por livre vontade.

---

PENSAMENTO E VIDA
Capítulo 7, Trabalho

Julho | 2

Cada individualidade deve alargar o círculo das suas capacidades espirituais, porquanto poderá, como recompensa à sua perseverança e esforço, certificar-se das sublimes verdades do Mundo Invisível, sem o concurso de quaisquer intermediários.

EMMANUEL
Capítulo 7, O labor das almas

# 3 | Julho

Serás a lâmpada acesa para os caídos na cegueira da negação; o apoio dos que tropeçam na estrada, estonteados de sofrimento; a boa palavra que reajuste o ânimo dos que jazem traumatizados pelo assalto das trevas e a esperança dos últimos!...

---

Encontro marcado
Capítulo 7, Página do caminho

Julho | 4

No extenso e abençoado viveiro de almas que é o mundo, pouco a pouco, de século a século e de milênio a milênio, usando variados corpos e diversas posições no campo das formas, nosso Espírito constrói lentamente, para o próprio uso, o veículo acrisolado e divino com que, um dia, ascenderemos à sublime habitação que o Senhor nos reserva em plena imortalidade vitoriosa.

---

Roteiro
Capítulo 7, No aprimoramento

# 5 | Julho

A prestação de concurso espontâneo, sem qualquer base de recompensa, desdobra a influência da Bondade Celestial que a todos nos ampara sem pagamento.

---

PENSAMENTO E VIDA
Capítulo 7, Trabalho

Julho | 6

Confessai-vos uns aos outros, buscando de preferência aqueles a quem ofendestes e, quando a vossa imperfeição não vo-lo permita, procurai ouvir a voz de Deus, na voz da vossa própria consciência.

---

EMMANUEL
Capítulo 8, A confissão auricular

# 7 | Julho

Quando alguém te requeste aos ímpetos da reação, perante os males que corroem a vida, lembra-te de que um golpe sobre outro golpe apenas consegue agravar a ferida e dispõe-te a socorrer os que esmorecem no desânimo ou caem de angústia.

---

Encontro marcado
Capítulo 7, Página do caminho

Julho | 8

Quem viaja em instalações de luxo volta a conhecer os bancos humildes em carros de condição inferior.

Quem segue nas acomodações singelas, ergue-se, depois, a situações invejáveis, alterando as experiências que lhe dizem respeito. Temos aí o símbolo das reencarnações.

---

Roteiro
Capítulo 8, A Terra

# 9 | Julho

O *trabalho-ação* transforma o ambiente.
O *trabalho-serviço* transforma o homem.

---

PENSAMENTO E VIDA
Capítulo 7, Trabalho

## Julho | 10

Médiuns! A vossa tarefa deve ser encarada como um santo sacerdócio; a vossa responsabilidade é grande, pela fração de certeza que vos foi outorgada, e muito se pedirá aos que muito receberam. Faz-se, portanto, necessário que busqueis cumprir, com severidade e nobreza, as vossas obrigações, mantendo a vossa consciência serena, se não quiserdes tombar na luta, o que seria crestar com as vossas próprias mãos as flores da esperança numa felicidade superior, que ainda não conseguimos alcançar! Pesai as consequências dos vossos mínimos atos, porquanto é preciso renuncieis à própria personalidade, aos desejos e aspirações de ordem material, para que a vossa felicidade se concretize.

---

EMMANUEL
Capítulo 11, Mensagem aos médiuns

# 11 | Julho

Quando os problemas do mundo te afogueiem a alma, não abras o coração à impaciência, que ela é capaz de arruinar-te a confiança.

---

ENCONTRO MARCADO
Capítulo 29, Não te impacientes

Julho | 12

De corpo em corpo, como quem se utiliza de variadas vestiduras, peregrina o Espírito de existência em existência, buscando aquisições novas para o tesouro de amor e sabedoria que lhe constituirá divina garantia no campo da eternidade.

ROTEIRO
Capítulo 8, A Terra

# 13 | Julho

A abnegação que começa onde termina o dever possibilita a repercussão da Esfera Superior sobre o campo da Humanidade.

---

Pensamento e vida
Capítulo 17, Profissão

Julho | 14

Felizes daqueles que, saturados de boa vontade e de fé, laboram devotadamente para que se espalhe no mundo a Boa-Nova da imortalidade. Compreendendo a necessidade da renúncia e da dedicação, não repararam nas pedras e nos acúleos do caminho, encontrando nos recantos do seu mundo interior os tesouros do Auxílio Divino.

EMMANUEL
Capítulo 11, Mensagem aos médiuns

# 15 | Julho

A impaciência é comparável à força negativa que, muitas vezes, inclina o enfermo para a morte, justamente no dia em que o organismo entra em recuperação para a cura.

Se queres o fruto, não despetales a flor.

---

Encontro marcado
Capítulo 29, Não te impacientes

Julho | 16

De portas abertas à glória do ensino, a Terra, nas linhas da atividade carnal, é, realmente, uma universidade sublime, funcionando, em vários cursos e disciplinas, com 2 bilhões de alunos (em 2023, somos mais 8 bilhões), aproximadamente, matriculados nas várias raças e nações.

---

Roteiro
Capítulo 9, O grande educandário

# 17 | Julho

A profissão, honestamente exercida, embora em regime de retribuição, inclina os semelhantes para o culto ao dever.

PENSAMENTO E VIDA
Capítulo 17, Profissão

Julho | 18

Humilhados e incompreendidos, faz-se mister que reconheçam todos os benefícios emanantes das dores que purificam e regeneram, trabalhando para que representem, de fato, o exemplo da abnegação e do desinteresse, reconquistando a felicidade perdida.

EMMANUEL
Capítulo 11, Mensagem aos médiuns

# 19 | Julho

Nas situações embaraçosas, medita caridosamente nos empeços que lhe deram origem! Se um irmão faltou ao dever, reflete nas dificuldades que se interpuseram entre ele e os compromissos assumidos.

-----

Encontro marcado
Capítulo 29, Não te impacientes

Julho | 20

Ter amizade é ter coração que ama e esclarece, que compreende e perdoa, nas horas mais amargas da vida.

Jesus é o Divino Amigo da Humanidade. Saibamos compreender a sua afeição sublime e transformaremos o nosso ambiente afetivo num oceano de paz e consolação perenes.

---

O CONSOLADOR
Item 174, Afeição

# 21 | Julho

Ninguém precisa pedir transferência para Júpiter ou Saturno, a fim de colaborar na criação de novos céus.

A Terra, nossa casa e nossa oficina, em plena paisagem cósmica, espera por nós, a fim de que a convertamos em glorioso paraíso.

---

Roteiro
Capítulo 9, O grande educandário

Julho | 22

Cada Espírito recebe, no plano em que se encontra, certa quota de recursos para honrar a Obra Divina e engrandecê-la.

PENSAMENTO E VIDA
Capítulo 16, Vocação

# 23 | Julho

Infelizmente, a Terra ainda é o orbe da sombra e da lágrima, e toda tentativa que se faz pela difusão da verdade, todo trabalho para que a luz se esparja fartamente encontram a resistência e a reação das trevas que vos cercam. Daí nascem as tentações que vos assediam, e partem as ciladas em que muitos sucumbem, à falta da oração e da vigilância apregoadas no Evangelho.

### Emmanuel
Capítulo 11, Mensagem aos médiuns

Julho | 24

Não te irrites, diante de quaisquer obstáculos, porquanto reclamações ou censuras servirão apenas para torná-los maiores. Quase sempre a longa expectativa, em torno de certas concessões que disputamos, não é senão o amadurecimento do assunto para que não falhem minudências importantes.

---

ENCONTRO MARCADO
Capítulo 29, Não te impacientes

## 25 | Julho

A Ciência multiplica as possibilidades dos sentidos e a Filosofia aumenta os recursos do raciocínio, mas a Religião é a força que alarga os potenciais do sentimento.

Roteiro
Capítulo 10, Religião

Julho | 26

Acontece, porém, que, na maioria das circunstâncias, nos apropriamos indebitamente das concessões do Senhor, usando-as no jogo infeliz de nossas paixões desgovernadas, no aloucado propósito de nos antepormos ao próprio Deus.

PENSAMENTO E VIDA
Capítulo 16, Vocação

# 27 | Julho

Tende o coração sempre puro. É com a fé, com a pureza de intenções, com o sentimento evangélico, que se podem vencer as arremetidas dos que se comprazem nas trevas persistentes.

———

EMMANUEL
Capítulo 11, Mensagem aos médiuns

Julho | 28

Para muitos, a serenidade é a preguiça vestida de belas palavras. Os que vivem, porém, acordados para as responsabilidades que lhes são próprias, sabem que paciência é esperança operosa: recebem obstáculos por ocasiões de trabalho e provações por ensinamentos.

---

Encontro marcado
Capítulo 29, Não te impacientes

## 29 | Julho

Longe de impacientar-se com a presença dos malfeitores que também sofreram a crucificação, inclina-se amistosamente para eles e busca entendê-los e encorajá-los.

Roteiro
Capítulo 19, Evangelho e simpatia

Julho | 30

A vocação é a soma dos reflexos da experiência que trazemos de outras vidas.

PENSAMENTO E VIDA
Capítulo 16, Vocação

# 31 | Julho

Permanecei na fé, na esperança e na caridade em Jesus Cristo, jamais olvidando que só pela exemplificação podereis vencer.

———————

EMMANUEL
Capítulo 11, Mensagem aos médiuns

# Agosto

# 1 | Agosto

Quem trabalha pode contar com o tempo. Se a crise sobrevém na obra a que te consagras, pede a Deus que não apenas te abençoe a realização em andamento, mas também a força precisa para que saibas compreender e servir, suportar e esperar.

---

ENCONTRO MARCADO
Capítulo 29, Não te impacientes

Agosto | 2

Em todas as passagens do Evangelho, perante o coração humano, sentimos no Senhor o campeão da simpatia, ensinando como sanar o mal e construir o bem. E desde a manjedoura, sob a Sua divina inspiração, um novo caminho redentor se abre aos homens, no rumo da paz e da felicidade, com bases no auxílio mútuo e no espírito de serviço, na bondade e na confraternização.

Roteiro
Capítulo 19, Evangelho e simpatia

# 3 | Agosto

A evolução, contudo, impõe a instituição de novos costumes, a fim de que nos desvencilhemos das fórmulas inferiores, em marcha para ciclos mais altos de existência.

---

Pensamento e vida
Capítulo 20, Hábito

Agosto | 4

Recordai-vos de que é preciso vencer, se não quiserdes soterrar a vossa alma na escuridão dos séculos de dor expiatória. Aquele que se apresenta no Espaço como vencedor de si mesmo é maior que qualquer dos generais terrenos, exímio na estratégia e tino militares.

---

EMMANUEL
Capítulo 11, Mensagem aos médiuns

## 5 | Agosto

A inspiração do Mundo Espiritual se te comunica ao cérebro como a força da usina absorve os implementos da lâmpada, e, assim como a lâmpada acesa expulsa as trevas, a tua frase impregnada de amor dissipa as sombras do Espírito, irradiando conformidade e paz, esperança e consolação.

ENCONTRO MARCADO
Capítulo 37, Ao explicador espírita

Agosto | 6

Homens por homens, inteligências por inteligências, incorreríamos talvez no perigo de comprometermos o progresso do mundo, isolados em nossos pontos de vista e em nossas concepções deficitárias; mas, regidos pela Infinita Sabedoria, rumaremos para a perfeição espiritual, a fim de que, um dia, despojados em definitivo das escamas educativas da carne, possamos compreender a excelsa palavra da celeste advertência: "Vós sois deuses...".

---

ROTEIRO
Capítulo 24, O fenômeno espírita

# 7 | Agosto

Há moléstias que têm, sem dúvida, função preponderante nos serviços de purificação do Espírito, surgindo com a criatura no berço ou seguindo-a, por anos a fio, na direção do túmulo.

---

Pensamento e vida
Capítulo 28, Enfermidade

Agosto | 8

Que todos vós possais, no ocaso da existência, contemplar no céu da vossa consciência estrelas resplandecentes da paz que representará a vossa glorificação imortal.

———

EMMANUEL
Capítulo 12, A paz do último dia

# 9 | Agosto

Com o mesmo devotamento fraternal, restaura a fé naqueles cujo traje dá notícia da abastança material em que vivem e levanta o ânimo abatido daqueles outros que trazem na própria apresentação os sinais inequívocos da penúria.

Encontro marcado
Capítulo 37, Ao explicador espírita

Agosto | 10

Trabalhando e servindo, aprendendo e amando, a nossa vida íntima se ilumina e se aperfeiçoa, entrando gradativamente em contato com os grandes gênios da *imortalidade gloriosa*.

---

Roteiro
Capítulo 26, Afinidade

# 11 | Agosto

Toda emoção violenta sobre o corpo é semelhante a martelada forte sobre a engrenagem de máquina sensível, e toda aflição amimalhada é como ferrugem destruidora, prejudicando-lhe o funcionamento.

PENSAMENTO E VIDA
Capítulo 28, Enfermidade

Agosto | 12

Semelhantes transformações serão efetuadas após muitas lutas, que encherão de receios e de espantos os Espíritos encarnados. Lembremo-nos, porém, de que "Deus está no leme".

EMMANUEL
Capítulo 13, As investigações da Ciência

# 13 | Agosto

Ainda mesmo quando guardes o espinho do sofrimento cravado nas reentrâncias do peito, esquece as próprias mágoas e fala, auxiliando e construindo...

Encontro marcado
Capítulo 37, Ao explicador espírita

## Agosto | 14

Cada alma vive no clima espiritual que elegeu, procurando o tipo de experiência em que situa a própria felicidade.

---

Roteiro
Capítulo 28, Sintonia

# 15 | Agosto

Cultivar melindres e desgostos, irritação e mágoa é o mesmo que semear espinheiros magnéticos e adubá-los no solo emotivo de nossa existência é intoxicar, por conta própria, a tessitura da vestimenta corpórea, estragando os centros de nossa vida profunda e arrasando, consequentemente, sangue e nervos, glândulas e vísceras do corpo que a Divina Providência nos concede entre os homens, com vistas ao desenvolvimento de nossas faculdades para a Vida Eterna.

PENSAMENTO E VIDA
Capítulo 28, Enfermidade

Agosto | 16

Demonstrai, com o vosso exemplo, que a luz permanece em vossos corações e cooperareis conosco, em favor dessas mutações precisas.

———

EMMANUEL
Capítulo 13, As investigações da Ciência

# 17 | Agosto

O perfume embalsama primeiro o vaso que o transporta.

### Encontro marcado
Capítulo 37, Ao explicador espírita

Agosto | 18

Um pão singelo é gloriosa síntese do trabalho de equipe da Natureza. Sem as lides da sementeira, sem as dádivas do Sol, sem as bênçãos da chuva, sem a defesa contra os adversários da lavoura, sem a assistência do homem, sem o concurso do moinho e sem o auxílio do forno, o pão amigo deixaria de existir.

---

ROTEIRO
Capítulo 32, Colaboração

# 19 | Agosto

Opor ódio ao ódio é operar a destruição.

---

PENSAMENTO E VIDA
Capítulo 25, Tolerância

Agosto | 20

Toda reforma terá de nascer no interior. Da iluminação do coração vem a verdadeira cristianização do lar, e do aperfeiçoamento das coletividades surgirá o novo e glorioso dia da Humanidade.

Emmanuel
Capítulo 13, As investigações da Ciência

# 21 | Agosto

Em toda parte, e acima de tudo, pensemos sempre na Infinita Misericórdia de Deus, que reserva apenas um Sol para garantir a face clara da Terra, durante as horas de luz, em louvor do dia, mas acende milhares de sóis, em forma de estrelas, para guardar a face obscura do planeta, durante as horas de sombra, em auxílio da noite, para que ela jamais se renda ao poder das trevas.

---

Encontro marcado
Capítulo 22, A face oculta

Agosto | 22

As almas que regressam do túmulo indicam a cada companheiro da Terra a importância da existência na carne, acordando-lhe na consciência não só a responsabilidade de viver, mas também a noção do serviço incessante do bem como norma de felicidade imperecível.

Roteiro
Capítulo 32, Colaboração

## 23 | Agosto

Entendendo-se os valores da alma por alimento do Espírito, impossível esquecer que a produção do bem e do aprimoramento se realiza à base de atrito e desgaste.

---

Vida e sexo
Capítulo 23, Abstinência e celibato

Agosto | 24

É Ele quem sustenta todos os elementos ativos e passivos da existência planetária. No seu coração augusto e misericordioso está o Verbo do princípio. Um sopro de sua vontade pode renovar todas as coisas, e um gesto seu pode transformar a fisionomia de todos os horizontes terrestres.

A CAMINHO DA LUZ
Introdução

## 25 | Agosto

Dispomos na oração do mais alto sistema de intercâmbio entre a Terra e o Céu.

---

Pensamento e vida
Capítulo 26, Oração

Agosto | 26

Na história de todos os povos, observa-se a tendência religiosa da Humanidade; é que em toda personalidade existe uma fagulha divina.

———

EMMANUEL
Capítulo 15, A ideia da imortalidade

# 27 | Agosto

No passado e no presente, instrutores do espírito e médicos do corpo combatem a ansiedade como sendo um dos piores corrosivos da alma. De nossa parte, é justo que colaboremos com eles, a benefício próprio, imunizando-nos contra essa nuvem da imaginação que nos atormenta sem proveito, ameaçando-nos a organização emotiva.

Encontro marcado
Capítulo 42, Aflição vazia

Agosto | 28

Só o grande amor pode compreender as necessidades de todos. Só a grande boa vontade pode trabalhar e aprender incessantemente para servir sem distinção.

---

Roteiro
Capítulo 34, Observações

# 29 | Agosto

O amor, repetimos, é o reflexo de Deus, nosso Pai, que se compadece de todos e que a ninguém violenta, embora, em razão do mesmo Amor Infinito com que nos ama, determine que estejamos sempre sob a lei da responsabilidade que se manifesta para cada consciência, de acordo com as suas próprias obras.

Pensamento e vida
Capítulo 30, Amor

Agosto | 30

Forças ocultas, leis desconhecidas, esperam que a alma humana delas se utilize e, à medida que se espalhe o progresso moral, mais os homens se beneficiarão na fonte bendita do conhecimento.

---

EMMANUEL
Capítulo 16, As vidas sucessivas e os mundos habitados

# 31 | Agosto

Aceitemos a hora difícil com a paz do aluno honesto, que deu o melhor de si no estudo da lição, de modo a comparecer diante da prova evidenciando consciência tranquila.

―――――

Encontro marcado
Capítulo 42, Aflição vazia

# Setembro

# 1 | Setembro

Informamo-nos, pouco a pouco, de que ninguém é tão indigente que não possa concorrer para o progresso comum e tomamos, com firmeza, o lugar que nos compete no edifício da harmonia geral, distribuindo fragmentos de nós mesmos, no culto da fraternidade bem vivida.

---

Roteiro
Capítulo 39, Diante da Terra

Setembro | 2

Pedir que os outros pensem com a nossa cabeça seria exigir que o mundo se adaptasse aos nossos caprichos, quando é nossa obrigação adaptar-nos, com dignidade, ao mundo, dentro da firme disposição de ajudá-lo.

Pensamento e vida
Capítulo 25, Tolerância

# 3 | Setembro

[...] a primeira obrigação de todo homem é colaborar, em todos os minutos de sua passageira existência, em prol da melhoria do seu próximo, consciente de que trabalhar em benefício de outrem é engrandecer-se.

EMMANUEL
Capítulo 16, As vidas sucessivas e os mundos habitados

Setembro | 4

Se o nosso caminho tem as marcas do dever cumprido, a inquietação nos visita a casa íntima na condição do malfeitor decidido a subvertê-la ou dilapidá-la; e assim como é forçoso defender a atmosfera do lar contra a invasão de agentes destrutivos, é indispensável policiar o âmbito de nossos pensamentos, assegurando-lhes a serenidade necessária.

Encontro marcado
Capítulo 42, Aflição vazia

# 5 | Setembro

O mundo, por mais áspero, representará para o nosso Espírito a escola de perfeição, cujos instrumentos corretivos bendiremos um dia. Os companheiros de jornada que o habitam conosco, por mais ingratos e impassíveis, são as nossas oportunidades de materialização do bem, recursos de nossa melhoria e de nossa redenção, e que, bem aproveitados por nosso esforço, podem transformar-nos em heróis.

ROTEIRO
Capítulo 39, Diante da Terra

Setembro | 6

No abandono à tristeza e ao desânimo, nas horas difíceis, traz a noção das bem-aventuranças eternas para os aflitos que sabem esperar e para os justos que sabem sofrer.

PENSAMENTO E VIDA
Capítulo 20, Hábito

# 7 | Setembro

As conquistas de agora representam a soma dos seus esforços de antanho, e a civilização é a grande oficina onde cada um deixa estereotipada a própria obra.

---

Emmanuel
Capítulo 17, Sobre os animais

Setembro | 8

Analisemos desapaixonadamente os prejuízos que as nossas preocupações injustificáveis causam aos outros e a nós mesmos, e evitemos semelhante desgaste empregando em trabalho nobilitante os minutos ou as horas que, muita vez, inadvertidamente, reservamos à aflição vazia.

---

Encontro marcado
Capítulo 42, Aflição vazia

# 9 | Setembro

Quem humilha os outros será humilhado pela própria consciência, e o instituto universal das reencarnações funciona igualmente para todos, premiando os justos e corrigindo os culpados.

Cada falta exige reparação.

Cada desequilíbrio reclama reajuste.

---

Roteiro
Capítulo 40, Ante o Infinito

Setembro | 10

O dever define a submissão que nos cabe a certos princípios estabelecidos como leis pela Sabedoria Divina, para o desenvolvimento de nossas faculdades.

PENSAMENTO E VIDA
Capítulo21, Dever

# 11 | Setembro

Cada Espírito detém consigo o seu íntimo santuário, erguido ao amor, e Espírito algum menoscabará o *lugar sagrado* de outro Espírito, sem lesar a si mesmo.

---

Vida e sexo
Capítulo 19, Amor livre

Setembro | 12

Contudo, saturada da mais profunda compreensão moral, copiosa é a nossa fonte de revelações, a qual constitui para nós um elemento granítico, servindo de base à sabedoria de amanhã.

EMMANUEL
Capítulo 17, Sobre os animais

# 13 | Setembro

Que o mundo se encontra em conflitos dolorosos, à maneira de cadinho gigantesco em ebulição para depurar os valores humanos, é mais que razoável, é necessário. Entretanto, acima de tudo, importa considerar que devemos ser, não obstante as nossas imperfeições, um ponto de luz nas trevas, em que a inspiração do Senhor possa brilhar.

Encontro marcado
Capítulo 3, Ante as crises do mundo

Setembro | 14

Os padecimentos coletivos da sociedade humana constituem a redenção de séculos ensanguentados pela guerra e pela violência. As aflições individuais são remédios proveitosos à cura e ao refazimento das almas.

Anexai os desejos do reino de vosso "eu" aos sábios desígnios do Reino de Deus.

---

Roteiro
Capítulo 40, Ante o Infinito

# 15 | Setembro

Auxiliando a outrem, sugerimos o auxílio em nosso favor. Suportando com humildade as vicissitudes da senda regenerativa, instilamos paciência e solidariedade, para conosco, em todos aqueles que nos rodeiam.

---

Pensamento e vida
Capítulo 9, Sugestão

Setembro | 16

Longe iríamos com as citações. O que podemos assegurar é que, sobre os mundos, laboratórios da vida no Universo, todas as forças naturais contribuem para o nascimento do ser.

---

EMMANUEL
Capítulo 17, Sobre os animais

# 17 | Setembro

Ou trabalhamos espontaneamente e progredimos, conquistando a própria elevação, ou preferimos parar e estacamos em ponto morto.

---

ENCONTRO MARCADO
Capítulo 59, Auxílio e esforço próprio

Setembro | 18

Tende confiança, sede benevolentes, instruí-vos, amai e esperai!... Crescei no conhecimento e na virtude para serdes mais fortes e mais úteis.

ROTEIRO
Capítulo 40, Ante o Infinito

# 19 | Setembro

O conhecimento do pretérito, através das revelações ou das lembranças, chega sempre que a criatura se faz credora de um benefício como esse, o qual se faz acompanhar, por sua vez, de responsabilidades muito grandes no plano do conhecimento; tanto assim que, para muitos, essas reminiscências costumam constituir um privilégio doloroso, no ambiente das inquietações e ilusões da Terra.

O CONSOLADOR
Item 370, Prosélitos

Setembro | 20

Procuremos a *boa parte* das criaturas, das coisas e dos sucessos que nos cruzem a lide cotidiana. Teremos, assim, o espelho de nossa mente voltado para o bem, incorporando-lhe os tesouros eternos, e a felicidade que nasce da fé, generosa e operante, libertar-nos-á dos grilhões de todo o mal, de vez que o bem, constante e puro, terá encontrado em nós seguro refletor.

---

PENSAMENTO E VIDA
Capítulo 6, Fé

# 21 | Setembro

Esperemos, confiantes, a alvorada luminosa que se aproxima, porque, depois das grandes sombras e das grandes dores que envolverão a face da Terra, o Evangelho há de criar, no mundo inteiro, a verdadeira cristandade.

EMMANUEL
Capítulo 18, A Europa moderna em face do Evangelho

Setembro | 22

Às vezes, há muito mais caridade na atenção que no conselho. Fraternalmente, escuta o que se te diga e observa o que vês, sem escandalizar os interlocutores ou ferir os companheiros de romagem terrestre, opondo-lhes censuras ou contraditas que apenas lhes agravariam as dificuldades e os problemas.

Encontro marcado
Capítulo 8, Caridade e razão

# 23 | Setembro

Na luta vulgar, há quem menospreze a atividade religiosa, supondo-a mero artifício do sacerdócio ou da política, entretanto, é na predicação da fé santificante que encontraremos as regras de conduta e a perfeição de que necessitamos para o crescimento de nossa vida mental na direção das conquistas divinas.

> ROTEIRO
> Capítulo 10, Religião

Setembro | 24

Conhecer é patrocinar a libertação de nós mesmos, colocando-nos a caminho de novos horizontes na vida.

---

PENSAMENTO E VIDA
Capítulo 4, Instrução

## 25 | Setembro

De cada vez que os homens querem impor-se, arbitrários e despóticos, diante das Leis Divinas, há uma força misteriosa que os faz cair, dentro dos seus enganos e de suas próprias fraquezas.

---

Emmanuel
Capítulo 19, A civilização ocidental

Setembro | 26

Conversação, na essência, é permuta de almas. Através da palavra, damos e recebemos. Isso, porém, não se refere a doações e recepções teóricas. Entendendo-nos uns com os outros, fornecemos e adquirimos determinados recursos de espírito, que influirão em nossa conduta, e a nossa conduta forma a corrente de planos, coisas, encontros e realizações que nos determinarão o destino.

---

Encontro marcado
Capítulo 8, Caridade e razão

# 27 | Setembro

Desajustado na Terra, pede ao Além a mensagem de reconforto e harmonia. Semelhante momento, porém, é profundamente expressivo no destino de cada alma, porque, se o coração que pede é portador da boa vontade, a resposta da vida superior não se faz esperar e um novo caminho se desdobra à frente da alma opressa e fatigada que se volta para o Além, cheia de amor, sofrimento e esperança.

---

Roteiro
Capítulo 11, A fé religiosa

## Setembro | 28

Bondade que ignora é assim como o poço amigo em plena sombra, a dessedentar o viajor sem ensinar-lhe o caminho.

Inteligência que não ama pode ser comparada a valioso poste de aviso, que traça ao peregrino informes de rumo certo, deixando-o sucumbir ao tormento da sede.

Todos temos necessidade de instrução e de amor.

PENSAMENTO E VIDA
Capítulo 4, Instrução

## 29 | Setembro

O que verificamos é que, sem a prática da fraternidade verdadeira, todos esses movimentos pró-paz são encenações diplomáticas sem fundo prático, não obstante intenções respeitáveis.

Emmanuel
Capítulo 20, A decadência intelectual dos

tempos modernos

Setembro | 30

Escolha de hoje no livre-arbítrio será consequência amanhã. Causa de agora será resultado depois.

---

Encontro marcado
Capítulo 8, Caridade e razão

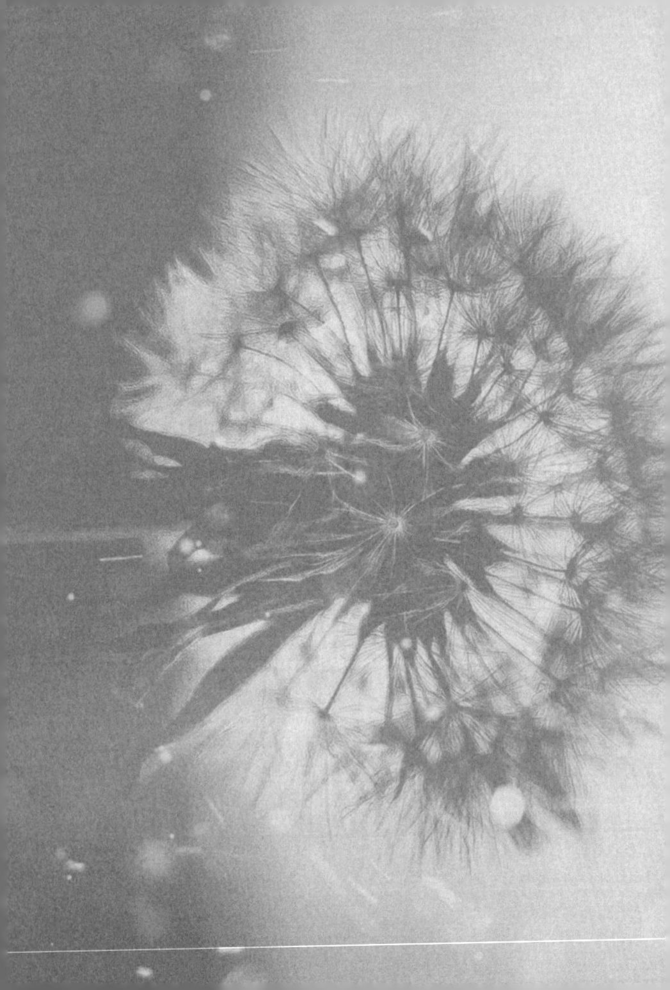

# Outubro

# 1 | Outubro

A ignorância poderá produzir indiscutíveis e belos fenômenos, mas só a noção de responsabilidade, a consagração sistemática ao progresso de todos, a bondade e o conhecimento conseguem materializar na Terra os monumentos definitivos da felicidade humana.

ROTEIRO
Capítulo 27, Mediunidade

Outubro | 2

Estudar e servir são rotas inevitáveis na obra de elevação.

---

PENSAMENTO E VIDA
Capítulo 4, Instrução

# 3 | Outubro

Não duvidemos, dentro da nossa certeza incontestável. O porvir humano pertence à vitória do Evangelho.

———————

Emmanuel
Capítulo 21, Civilização em crise

Outubro | 4

Cultivemos harmonia, à frente de tudo e de todos; no entanto é preciso que essa atitude de entendimento não exclua de nossa personalidade o otimismo irradiante, a sinceridade construtiva, o reconforto da intimidade e a alegria de viver.

Encontro marcado
Capítulo 8, Caridade e razão

# 5 | Outubro

A Humanidade, sintetizando o fruto das civilizações, é construção religiosa.

**Roteiro**
Capítulo 10, Religião

## Outubro | 6

Pelo amor, que, acima de tudo, é serviço aos semelhantes, a criatura se ilumina e aformoseia por dentro, emitindo, em favor dos outros, o reflexo de suas próprias virtudes; e pela sabedoria, que começa na aquisição do conhecimento, recolhe a influência dos vanguardeiros do progresso, que lhe comunicam os reflexos da própria grandeza, impelindo-a para o Alto.

---

PENSAMENTO E VIDA
Capítulo 4, Instrução

# 7 | Outubro

Nessa lei única, que liga a Criação ao seu Criador e da qual estudamos os fenômenos isolados, desenrola-se o drama da evolução do Espírito Imortal.

Emmanuel
Capítulo 22, Fluidos materiais e fluidos espirituais

## Outubro | 8

Chega, porém, o dia em que somos intimados ao teste da dignidade pessoal. Seja pelo dardo do insulto ou pelo espinho da desconsideração, somos alvejados no amor-próprio, e, se não dispomos suficientemente de humildade e compaixão, eis que a altivez ferida se assemelha em nós ao estopim afogueado de que a cólera irrompe em fuzilaria de pensamentos descontrolados, arruinando-nos preciosas edificações espirituais do presente e do futuro.

---

Encontro marcado
Capítulo 14, Cólera e nós

# 9 | Outubro

Aprendemos que a morte é questão de sequência nos serviços da Natureza.

---

Roteiro
Capítulo 22, O Espiritismo na atualidade

Outubro | 10

O cérebro é o dínamo que produz a energia mental, segundo a capacidade de reflexão que lhe é própria; no entanto, na vontade temos o controle que a dirige nesse ou naquele rumo, estabelecendo causas que comandam os problemas do destino.

---

Pensamento e vida
Capítulo 2, Vontade

# 11 | Outubro

Emprestemos o nosso concurso a todas as iniciativas que nobilitem o penoso esforço das coletividades humanas, e não olvidemos que todo bem praticado reverterá em benefício da nossa própria individualidade.

---

EMMANUEL
Capítulo 23, A saúde humana

Outubro | 12

O prato de alimento que ofereces será, talvez, o recurso providencial que impedirá a queda deste ou daquele companheiro, na curva descendente para a enfermidade irreversível; e a alegria que proporcionas a uma criança pode criar nela a inspiração do bem para a vida inteira.

RUMO CERTO
Capítulo 29, Serviço e migalha

# 13 | Outubro

Obreiro do bem ou condutor da fé, se obtivesses da Terra apenas demonstrações de apreço e palmas de triunfo, quem colaboraria com Deus, nos dias de perturbação, de maneira a limitar a incursão das trevas ou a apagar o fogo do ódio, entre as vítimas da ilusão ou da vaidade, nos lugares em que o Pai Supremo necessite de corações suficientemente corajosos e humildes para sustentarem o bem com esquecimento de todo mal?

---

Encontro marcado
Capítulo 1, Cooperação com Deus

Outubro | 14

O progresso mental é o grande doador de renovação ao equipamento do Espírito em qualquer plano de evolução.

---

ROTEIRO
Capítulo 6, Perispírito

# 15 | Outubro

A vontade é a gerência esclarecida e vigilante, governando todos os setores da ação mental.

***

PENSAMENTO E VIDA
Capítulo 2, Vontade

Outubro | 16

Trabalhemos sempre com o pensamento voltado para Jesus, reconhecendo que a preguiça, a suscetibilidade e a impaciência nunca foram atributos das almas desassombradas e valorosas.

———

EMMANUEL
Capítulo 23, A saúde humana

# 17 | Outubro

Cada lição conquistada resulta de esforço. Esforço, muitas vezes, encontra dificuldade. Toda dificuldade é um desafio. E, diante de qualquer desafio, antes de tudo, compaixão é a resposta.

---

Encontro marcado
Capítulo 45, Desafio e resposta

Outubro | 18

A mente é manancial vivo de energias criadoras.

---

ROTEIRO
Capítulo 25, Ante a vida mental

# 19 | Outubro

A mente é o espelho da vida em toda parte.

---

PENSAMENTO E VIDA
Capítulo 1, O espelho da vida

Outubro | 20

À luz da fraternidade pura, jamais neguemos o concurso da boa palavra e da contribuição direta, sempre que oportuno, em benefício do esclarecimento de todos, guardando, todavia, o cuidado de nunca transigir com os verdadeiros princípios evangélicos, sem, contudo, ferir os sentimentos das pessoas. E se as pessoas perseverarem na incompreensão, cuide cada trabalhador da sua tarefa, porque Jesus afirmou que o trigo cresceria ao lado do joio, em sua seara santa, mas Ele, o cultivador da Verdade Divina, saberia escolher o bom grão na época da ceifa.

---

O CONSOLADOR
Prosélitos, Item 366

# 21 | Outubro

Se nos achamos acima dos nossos semelhantes inferiores — os irracionais —, acima de nós se encontram os seres superiores da Espiritualidade, que se hierarquizam ao infinito e cuja perfeição nos compete alcançar.

EMMANUEL
Capítulo 24, O corpo espiritual

Outubro | 22

Observa em derredor de ti e reconhecerás onde, como e quando Deus te chama em silêncio a colaborar com Ele, seja no desenvolvimento das boas obras, na sustentação da paciência, na intervenção caridosa em assuntos inquietantes para que o mal não interrompa a construção do bem, na palavra iluminativa ou na seara do conhecimento superior, habitualmente ameaçada pelo assalto das trevas.

Encontro marcado
Capítulo 16, Deus e nós

## 23 | Outubro

As revelações dos Espíritos convidam naturalmente a ideais mais elevados, a propósitos mais edificantes.

---

Roteiro
Capítulo 30, Renovação

Outubro | 24

Pelo divino circuito da prece, a criatura pede o amparo do Criador e o Criador responde à criatura pelo princípio inelutável da reflexão espiritual, estendendo-lhe os braços eternos, a fim de que ela se erga dos vales da vida fragmentária para os cimos da vida vitoriosa.

Pensamento e vida
Capítulo 26, Oração

# 25 | Outubro

Oxalá possam os homens compreender a excelsitude do ensinamento dos Espíritos e aproveitar o fruto bendito das suas experiências; com o entendimento esclarecido, interpretarão com fidelidade o "Amai-vos uns aos outros", em sua profunda significação.

---

Emmanuel
Capítulo 26, Os tempos do Consolador

Outubro | 26

Reflete na Infinita Bondade que preside o Universo, a cercar-nos de amor, em todas as direções, e reconheceremos que se transformações dolorosas, no campo da existência, muita vez nos transfiguram em crisálidas agoniadas de aflição, ao impacto das provações necessárias, a dor é o instrumento invisível de que Deus se utiliza para converter-nos, a pouco e pouco, em falenas de luz.

---

Encontro marcado
Capítulo 18, Diante da rebeldia

# 27 | Outubro

O Mundo Espiritual não abriria suas portas para consagrar a ociosidade.

---

### Roteiro
Capítulo 32, Colaboração

Outubro | 28

Orar é identificar-se com a maior fonte de poder de todo o Universo, absorvendo-lhe as reservas e retratando as leis da renovação permanente que governam os fundamentos da vida.

PENSAMENTO E VIDA
Capítulo 26, Oração

# 29 | Outubro

Os instrutores dos planos espirituais, em que nos achamos, regozijam-se com todos os triunfos da vossa Ciência, porque toda conquista importa em grande e abençoado esforço, e, pelo trabalho perseverante, o homem conhecerá todas as leis que lhe presidem ao destino.

Emmanuel
Capítulo 26, Os tempos do Consolador

Outubro | 30

De ensinamento a ensinamento e de bênção a bênção, sem percebermos o mecanismo de semelhante metamorfose, o coração se nos transforma, se lhe aceitamos, em verdade, a liderança e a tutela. Sombras de mágoas, preconceitos, ressentimentos, pontos de vista e opiniões descabidas vão cedendo lugar, na floresta de nossos pensamentos obscuros, a clareiras de luz que acabam por mostrar-nos a infantilidade e a inconveniência das nossas atitudes menos felizes, à frente do próximo.

---

Encontro marcado
Capítulo 17, Em todos nós

# 31 | Outubro

Tolerar é refletir o entendimento fraterno, e o perdão será sempre profilaxia segura, garantindo, onde estiver, saúde e paz, renovação e segurança.

Pensamento e vida
Capítulo 25, Tolerância

# Novembro

# 1 | Novembro

Entre a força de um preconceito e o atrevimento de um dogma, o espírito se perturba, e, no círculo dessas vibrações antagônicas, acha-se sem bússola no mundo das coisas subjetivas, concentrando, naturalmente, na esfera das coisas físicas, todas as suas preocupações.

EMMANUEL
Capítulo 27, Os dogmas e os preconceitos

## Novembro | 2

Quando mentalizes os supostos desaparecidos na voragem da morte, pensa neles do ponto de vista da imortalidade e do progresso. Um coração materno tem o direito de guardar por relíquias as roupas enfeitadas e curtas dos filhinhos que acalentou no berço, mas seria loucura impor-lhes a obrigação de usá-las, depois de homens feitos, sob o pretexto de que somente assim lhe retribuirão devotamento e ternura.

---

Encontro marcado
Capítulo 24, Em favor dos desencarnados

# 3 | Novembro

Perdoar é olvidar a sombra, buscando a luz.

---

### Pensamento e vida
Capítulo 25, Tolerância

## Novembro | 4

De quando em quando, reflitamos em nossa posição de instrumentos, para que a vaidade não nos assalte.

Obviamente, não queremos depreciar a nossa condição de instrumentalidade.

Se necessitamos do concurso de um violino, na execução de uma partitura, não podemos substituí-lo por outro agente musical; há de ser um violino e, tanto quanto possível, dos melhores.

---

### Encontro marcado
Capítulo 49, Em torno da humildade

# 5 | Novembro

O mal não é essencialmente do mundo, mas das criaturas que o habitam.

A Terra, em si, sempre foi boa. De sua lama brotam lírios de delicado aroma, sua Natureza maternal é repositório de maravilhosos milagres que se repetem todos os dias.

---

PALAVRAS DE EMMANUEL
Capítulo 41, Verdades duras

Novembro | 6

Humildade não é servidão. É, sobretudo, independência, liberdade interior que nasce das profundezas do Espírito, apoiando-lhe a permanente renovação para o bem.

---

PENSAMENTO E VIDA
Capítulo 24, Humildade

# 7 | Novembro

Por todos os recantos da Terra, fazem-se ouvir, nos tempos que correm, as vozes dos Espíritos que, na sua infatigável atividade, conduzem a luz da verdade a todos os ambientes, dosando as suas lições segundo o grau de perceptibilidade daqueles que as recebem.

---

EMMANUEL
Capítulo 28, As comunicações espíritas

# Novembro | 8

Não nos esqueçamos, pois, de que o auxílio que prestamos às criaturas, sem exigência e sem paga, é a nossa rogativa silenciosa ao Socorro Divino, que nos responde, invariável, com a luz da cooperação e do suprimento.

---

PENSAMENTO E VIDA
Capítulo 23, Auxílio

# 9 | Novembro

Muitos escutam a palavra do Cristo, entretanto, muito poucos são os que colocam a lição nos ouvidos.

Não se trata de registrar meros vocábulos e sim fixar apontamentos que devem palpitar no livro do coração.

---

Palavras de Emmanuel
Capítulo 41, Verdades duras

Novembro | 10

Cair em culpa demanda, por isso mesmo, humildade viva para o reajustamento tão imediato quanto possível de nosso equilíbrio vibratório, se não desejamos o ingresso inquietante na escola das longas reparações.

---

Pensamento e vida
Capítulo 22, Culpa

# 11 | Novembro

Cultivemos a humildade, aprendendo a valorizar o esforço de nossos irmãos. Saibamos reconhecer, conscientemente, que todos somos necessitados uns dos outros para atingir o alvo a que nos propomos, nas trilhas da evolução, mantendo-nos eficientes e tranquilos nas obrigações a que fomos chamados, sem fugir às responsabilidades que nos competem, sob a falsa ideia de que somos mais virtuosos que os outros, e sem invadir a seara de nossos companheiros com o vão pretexto de sermos enciclopédicos.

---

Encontro marcado
Capítulo 49, Em torno da humildade

## Novembro | 12

O que o homem não deve esquecer, em todos os sentidos e circunstâncias da vida, é a prece do trabalho e da dedicação, no santuário da existência de lutas purificadoras, porque Jesus abençoará as suas realizações de esforço sincero.

---

PALAVRAS DE EMMANUEL
Capítulo 40, Trabalho

# 13 | Novembro

Se erramos, retifiquemos nós mesmos, reparando, com sinceridade, as consequências de nossas faltas; no entanto, se a obrigação cumprida nos garante a consciência tranquila, quando a provocação das trevas nos desafie, tenhamos a coragem de não conferir ao mal atenção alguma, abstendo-nos de passar recibo em qualquer conta perturbadora que a injúria ou a maledicência nos queiram apresentar.

---

ENCONTRO MARCADO
Capítulo 13, Em paz de consciência

Novembro | 14

Se, na ordem divina, cada árvore produz segundo a sua espécie, no trabalho cristão, cada discípulo contribuirá conforme sua posição evolutiva.

PALAVRAS DE EMMANUEL
Capítulo 40, Trabalho

# 15 | Novembro

Assim como o Infinito é uma lei para os estados das consciências, temos o infinito de planos no Universo, e todos os planos se interpenetram, dentro da maravilhosa lei de solidariedade; cada plano recebe, daquele que lhe é superior, apenas o bastante ao seu estado evolutivo, sendo de efeito contraproducente ministrar-lhe conhecimentos que não poderia suportar.

---

EMMANUEL

Capítulo 28, As comunicações espíritas

## Novembro | 16

O hábito é uma esteira de reflexos mentais acumulados, operando constante indução à rotina.

---

Pensamento e vida
Capítulo 20, Hábito

# 17 | Novembro

A comunhão dos dois mundos, o físico e o invisível, está, pois, baseada nos mais sutis elementos de ordem espiritual.

-----

EMMANUEL
Capítulo 28, As comunicações espíritas

Novembro | 18

Personalidade sem luta, na crosta planetária, é alma estreita. Somente o trabalho e o sacrifício, a dificuldade e o obstáculo, como elementos de progresso e autossuperação, podem dar ao homem a verdadeira notícia de sua grandeza.

Palavras de Emmanuel
Capítulo 39, Temas variados

# 19 | Novembro

Em todas as épocas, a sociedade humana é o filtro gigantesco do Espírito, em que as almas, nos fios da experiência, na abastança ou na miséria, na direção ou na subalternidade, colhem os frutos da plantação que lhes é própria, retardando o passo na planície vulgar ou acelerando-o para os cimos da vida, em obediência aos ditames da evolução.

PENSAMENTO E VIDA
Capítulo 18, Sociedade

Novembro | 20

Ama e compreenderás teu destino.

Serve e cumprirás tua missão.

Deixa que o poder do bem se comunique com os outros, através de tua alma.

Aos fracos, revestirás de fortaleza; aos aflitos, sossegarás com a tranquilidade; aos descrentes, socorrerás com a fé, e, aos caídos, darás teu braço alentador.

---

Encontro marcado
Capítulo 47, Entre o bem e o mal

# 21 | Novembro

O servidor sincero do Cristo fala pouco e constrói, cada vez mais, com o Senhor, no divino silêncio do Espírito...

Vai e serve.

---

Palavras de Emmanuel
Capítulo 38, Servir

Novembro | 22

Pela fidelidade ao desempenho das suas obrigações, o homem melhora a si mesmo, e, pela abnegação, o anjo aproxima-se do homem melhorado, aprimorando a vida e o mundo.

---

Pensamento e vida
Capítulo 17, Profissão

# 23 | Novembro

Contemplarás o mundo sob o impacto do progresso, observando que, no bojo da tempestade, surge a presença do trabalho renovador.

---

RUMO CERTO
Capítulo 48, Atualidade e nós

Novembro | 24

A verdadeira eucaristia evangélica não é a do pão e do vinho materiais, como pretende a Igreja de Roma, mas a identificação legítima e total do discípulo com Jesus, de cujo ensino de amor e sabedoria deve haurir a essência profunda, para iluminação dos seus sentimentos e do seu raciocínio, através de todos os caminhos da vida.

O CONSOLADOR
Item 318, Religiões

# 25 | Novembro

À medida que o homem progride moralmente, mais se aperfeiçoará o processo da sua comunhão com os planos invisíveis que lhe são superiores.

EMMANUEL
Capítulo 28, As comunicações espíritas

Novembro | 26

E toda vez que a incompreensão nos ameace o trabalho, recordemos que se Ele, o Mestre e Senhor, nos exortou a amar os próprios inimigos, decerto espera que venhamos a amar, valorizar, abençoar e entender os nossos amigos cada vez mais.

---

ENCONTRO MARCADO
Capítulo 40, Incompreensão

# 27 | Novembro

O capital mais precioso da vida é o da boa vontade. Ponhamo-lo em movimento e a nossa existência estará enriquecida de bênçãos e alegrias, hoje e sempre, onde estivermos.

---

PALAVRAS DE EMMANUEL
Capítulo 35, Recomendações úteis

Novembro | 28

Perdoar e compreender, porém, são complementos do amor e impositivos do aceitar os nossos companheiros da Humanidade tais quais o são. Reflitamos nisso, reconhecendo que o entendimento e a tolerância que os outros solicitam de nós são a tolerância e o entendimento de que nós todos necessitamos deles.

RUMO CERTO
Capítulo 56, Perdoar e compreender

## 29 | Novembro

Objetivamos, portanto, cultivar em vossos corações a certeza consoladora da crença pura, trabalhando para que a tolerância, a meditação e a caridade sejam as vossas companheiras assíduas.

**Emmanuel**
Capítulo 30, Evangelização dos desencarnadosf

Novembro | 30

A melhor posição da vida é a do equilíbrio. Não é justo desejar fazer nem menos nem mais do que nos compete, mesmo porque o Mestre sentenciou que a cada dia bastam os seus trabalhos.

---

PALAVRAS DE EMMANUEL
Capítulo 35, Recomendações úteis

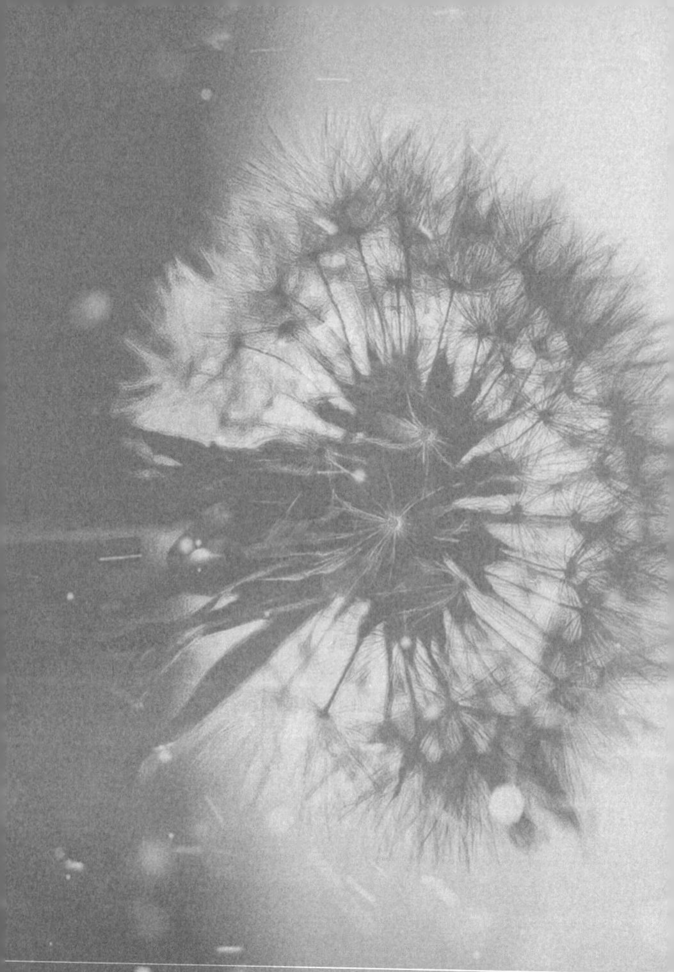

# Dezembro

# 1 | Dezembro

Somos, ainda, no mundo, Espíritos imperfeitos; e, sem a dificuldade, de nenhum modo conseguiríamos segurança e autossuperação.

Convençamo-nos de que a crise é a mestra da experiência, e sem experiência, em qualquer empresa edificante da Terra, é impossível melhorar e compreender, servir e perseverar.

---

RUMO CERTO
Capítulo 27, Lutas na equipe

Dezembro | 2

No capítulo da propriedade, lembra-te da própria alma — a única posse inalienável de que dispões — e, recordando que precisas e precisarás de recursos sempre maiores e sempre novos para evoluir e elevar a própria vida, não te esqueças de que podes, a todo instante, trabalhar e servir, investindo felicidade e cooperação com ela.

Encontro marcado
Capítulo 30, Investimentos

# 3 | Dezembro

Quantos lares seriam felizes, quantas instituições se converteriam em mananciais permanentes de luz, se os crentes do Evangelho aprendessem a calar para falar, a seu tempo, com proveito?

Não nos referimos aqui aos homens vulgares e, sim, aos discípulos de Jesus.

---

PALAVRAS DE EMMANUEL
Capítulo 35, Recomendações úteis

## Dezembro | 4

Em tudo o que sentirmos, pensarmos, falarmos ou fizermos, doemos aos outros o melhor de nós, reconhecendo que, se as árvores são valorizadas pelos próprios frutos, cada árvore recebe e receberá invariavelmente atenção e auxílio do pomicultor conforme os frutos que venha a produzir.

---

RUMO CERTO
Capítulo 23, Autoaprimoramento

# 5 | Dezembro

Caminhai, pois, nos pedregosos caminhos das provações. À medida que marchardes cheios de serenidade e de confiança, mais belas provas colhereis da luminosa manhã da imortalidade que vos espera, além do silêncio dos túmulos.

---

Emmanuel
Capítulo 30, Evangelização dos desencarnados

# Dezembro | 6

Não atingiremos a paz sem desculpar os erros alheios que, em outras circunstâncias, poderiam ser nossos...

---

PALAVRAS DE EMMANUEL
Capítulo 34, Paz

# 7 | Dezembro

Observemos o que estamos realizando com o tesouro das horas e de que espécie são as nossas ações a benefício dos semelhantes. E, procurando aceitar-nos como somos, sem subterfúgios ou escapatórias, evitemos estragar-nos com queixas e autocondenação, diligenciando buscar, isto sim, agir, servir e melhorar-nos sempre.

---

Rumo certo
Capítulo 23, Autoaprimoramento

Dezembro | 8

A quem nos pergunte se a criatura humana é livre, respondamos afirmativamente. Acrescentemos, porém, que o homem é livre, mas responsável, e pode realizar o que deseje, mas estará ligado inevitavelmente ao fruto de suas próprias ações.

ENCONTRO MARCADO
Capítulo 53, Livres, mas responsáveis

# 9 | Dezembro

Conservar a paz, em Cristo, não é deter a paz do mundo. É encontrar o tesouro eterno de bênçãos nas obrigações de cada dia. Não é fugir ao serviço; é aceitá-lo onde, como e quando determine a vontade daquele que prossegue em ação redentora, junto de nós, em toda a Terra.

---

Palavras de Emmanuel
Capítulo 34, Paz

## Dezembro | 10

Seja onde for, recorda que Deus está sempre em nós e agindo por nós.

Para assegurar-nos, quanto a isso, bastar-nos-á a prática da oração, mesmo ligeira ou inarticulada, que desenvolverá em nós outros a convicção da Presença Divina em todas as faixas da existência.

---

RUMO CERTO
Capítulo 5, Apoio Divino

# 11 | Dezembro

Em vossos dias, o Espiritismo, que representa o Consolador prometido pelo Cristo aos séculos posteriores à sua vinda ao mundo, é uma extraordinária mensagem do Céu à Terra, e faz-se necessário aquilatar-lhe o valor.

———

EMMANUEL
Capítulo 31, Os Espíritos da Terra

Dezembro | 12

Cultiva a oração, sem esquecer o trabalho sadio que te valorize o tempo e a presença, angariando, sobretudo, alguma atividade beneficente que te faça mais útil à felicidade do próximo, em necessidades talvez maiores que as tuas.

---

Encontro marcado
Capítulo 56, Na cura da obsessão

## 13 | Dezembro

A prece tecida de inquietação e angústia não pode distanciar-se dos gritos desordenados de quem prefere a aflição e se entrega à imprudência, mas a oração tecida de harmonia e confiança é força imprimindo direção à bússola da fé viva, recompondo a paisagem em que vivemos e traçando rumos novos para a vida superior.

PALAVRAS DE EMMANUEL
Capítulo 32, No campo dos sentimentos

## Dezembro | 14

Esforçando-te por superar dificuldades e contratempos, nas áreas da reencarnação, recorda o patrimônio das bênçãos de que dispões, a fim de que os dissabores e empeços educativos da existência não te sufoquem as possibilidades de trabalhar e de auxiliar.

Rumo certo
Capítulo 3, Provas e bênçãos

# 15 | Dezembro

Somente fora da existência material podeis refletir acertadamente sobre a verdade. Apenas a vida espiritual é verdadeira e eterna.

---

EMMANUEL
Capítulo 32, Dos destinos

Dezembro | 16

Nosso Espírito residirá onde projetarmos nossos pensamentos, alicerces vivos do bem e do mal. Por isto mesmo, dizia Paulo, sabiamente: "Pensai nas coisas que são de cima."

---

PALAVRAS DE EMMANUEL
Capítulo 31, No campo das ideias

# 17 | Dezembro

Suportar nossa cruz será tolerar as tendências inferiores que ainda nos caracterizam, sem acalentá-las, mas igualmente sem condenar-nos, por isso, diligenciando esgotar em serviço, em paciência, em serenidade e em abnegação a sucata de sombras que ainda transportamos habitualmente no fundo das nossas atividades de autoaprimoramento ou reabilitação.

---

Rumo certo
Capítulo 59, Suportar nossa cruz

## Dezembro | 18

Em se tratando de ti mesmo, não percas tempo, chorando ou lastimando quando é justamente a hora de agir. Perante as complicações inevitáveis, é imperioso te disponhas a colaborar com mais segurança na vitória do bem. Se surge o problema da deserção nas fileiras, abençoa os companheiros que não puderam prosseguir em ação e, tanto quanto seja possível, coloca nos próprios ombros a carga de responsabilidades que te deixaram aos pés. Eles retornarão quando as forças lhes permitirem e saberão agradecer-te o concurso.

---

Encontro marcado
Capítulo 12, Na hora do perigo

# 19 | Dezembro

Somente o dever bem cumprido nos confere acesso à legítima liberdade.

---

Palavras de Emmanuel
Capítulo 28, Liberdades

Dezembro | 20

Pouco a pouco, perceberemos que o Senhor não nos pede prodígios de transformação imediata ou espetáculos de grandeza, e sim que nos apliquemos ao bem, de modo a caminhar com Ele, passo a passo, na edificação de nossa própria paz.

RUMO CERTO
Capítulo 54, Mais com Jesus

# 21 | Dezembro

Não interpretes a disciplina por tirania e nem acuses a obediência de escravidão. Trabalha e serve com alegria.

Encontro marcado
Capítulo 18, Diante da rebeldia

Dezembro | 22

A grande tarefa do Mundo Espiritual, em seu mecanismo de relações com os homens encarnados, não é a de trazer conhecimentos sensacionais e extemporâneos, mas a de ensinar os homens a ler os sinais divinos que a vida terrestre contém em si mesma, iluminando-lhes a marcha para a Espiritualidade Superior.

---

PALAVRAS DE EMMANUEL
Capítulo 23, Filósofos e considerações filosóficas

## 23 | Dezembro

Asserena-te sempre e abençoa as provas que te assinalem a estrada, de vez que são essas mesmas provas que te estruturam o degrau exato que podes e deves transpor na conquista da própria felicidade ante a Vida Maior.

---

RUMO CERTO
Capítulo 46, Na trilha das provas

## Dezembro | 24

Não há progresso sem esforço, vitória sem luta, aperfeiçoamento sem sacrifício, como não existe tranquilidade sem paciência.

### Encontro marcado
Capítulo 18, Diante da rebeldia

# 25 | Dezembro

Jesus, cuja perfeição se perde na noite imperscrutável das eras, personificando a sabedoria e o amor, tem orientado todo o desenvolvimento da Humanidade terrena, enviando os seus iluminados mensageiros, em todos os tempos, aos agrupamentos humanos e, assim como presidiu à formação do orbe, dirigindo, como Divino Inspirador, a quantos colaboraram na tarefa da elaboração geológica do planeta e da disseminação da vida em todos os laboratórios da Natureza, desde que o homem conquistou a racionalidade, vem-lhe fornecendo a ideia da sua divina origem, o tesouro das concepções de Deus e da imortalidade do Espírito, revelando-lhe, em cada época, aquilo que a sua compreensão pode abranger.

---

EMMANUEL

Capítulo 2, A ascendência do Evangelho

Dezembro | 26

O pensamento sombrio adoece o corpo são e agrava os males do corpo enfermo.

---

PENSAMENTO E VIDA
Capítulo 28, Enfermidade

## 27 | Dezembro

Saibamos viver, como devemos saber andar: com a firmeza dos fortes, com a *fé* sempre candente e viva dos bons seguidores do Mestre Nazareno.

PALAVRAS DE EMMANUEL
Capítulo 22, Filosofia da vida

Dezembro | 28

Enquanto falamos da missão do século XX, contemplando os ditadores da atualidade, que se arvoram em verdugos das multidões, cumpre-nos voltar os olhos súplices para a infinita misericórdia do Senhor, implorando-lhe paz e amor para todos os corações.

---

A caminho da luz
Introdução

# 29 | Dezembro

Abraça, pois, no trabalho como serviço, a rota de cada dia, e, com a tua utilidade para os outros, obterás, através dos outros, o caminho, o apoio, o auxílio e o incentivo para a tua segurança, tranquilidade, alegria e libertação.

---

Encontro marcado
Capítulo 26, Diante do trabalho

Dezembro | 30

Já se disse que duas asas conduzirão o Espírito humano à presença de Deus. Uma chama-se amor; a outra, sabedoria.

PENSAMENTO E VIDA
Capítulo 4, Instrução

# 31 | Dezembro

A vida moderna, com suas realidades brilhantes, vai ensinando às comunidades religiosas do Cristianismo que pregar é revelar a grandeza dos princípios de Jesus nas próprias ações diárias.

---

PALAVRAS DE EMMANUEL
Capítulo 22, Filosofia da vida

# Referências

XAVIER, Francisco Cândido. *A caminho da luz.* Pelo Espírito Emmanuel. 38. ed. 16. imp. Brasília: FEB, 2023.

_____. *Emmanuel.* Pelo Espírito Emmanuel. 28. ed. 10. imp. Brasília: FEB, 2022.

_____. *Encontro marcado.* Pelo Espírito Emmanuel. 14. ed. Impressão pequenas tiragens. Brasília: FEB, 2023.

_____. *O consolador.* Pelo Espírito Emmanuel. 29. ed. 13. imp. Brasília: FEB, 2023.

_____. *Palavras de Emmanuel.* Pelo Espírito Emmanuel. 11. ed. 2. imp. Brasília: FEB, 2019.

_____. *Pensamento e vida.* Pelo Espírito Emmanuel. 19. ed. 15. imp. Brasília: FEB, 2023.

_____. *Roteiro.* Pelo Espírito Emmanuel. 14. ed. Impressão pequenas tiragens. Brasilia: FEB, 2023.

_____. *Rumo certo.* Pelo Espírito Emmanuel. 12. ed. Impressão pequenas tiragens. Brasilia: FEB, 2023.

_____. *Vida e sexo.* Pelo Espírito Emmanuel. 27. ed. 9. imp. Brasília: FEB, 2022.

# Palavras *de* LUZ

Uma mensagem para cada dia do ano

## TABELA DE EDIÇÕES

| EDIÇÃO | IMPRESSÃO | ANO | TIRAGEM | FORMATO |
|--------|-----------|------|---------|---------|
| 1 | 1 | 2014 | 6.000 | 10x15 |
| 1 | 2 | 2016 | 2.000 | 10x15 |
| 1 | 3 | 2018 | 500 | 10x15 |
| 1 | 4 | 2018 | 1.000 | 10x15 |
| 1 | 5 | 2020 | 1.000 | 10x15 |
| 1 | 6 | 2022 | 1.000 | 10x15 |
| 2 | 1 | 2023 | 3.000 | 10x13 |
| 2 | 2 | 2024 | 1.500 | 10x13 |
| 2 | 3 | 2024 | 2.000 | 10x13 |
| 2 | 4 | 2025 | 2.500 | 10x13 |

# O EVANGELHO NO LAR

*Quando o ensinamento do Mestre vibra entre quatro paredes de um templo doméstico, os pequeninos sacrifícios tecem a felicidade comum.*[1]

Quando entendemos a importância do estudo do Evangelho de Jesus, como diretriz ao aprimoramento moral, compreendemos que o primeiro local para esse estudo e vivência de seus ensinos é o próprio lar.

É no reduto doméstico, assim como fazia Jesus, no lar que o acolhia, a casa de Pedro, que as primeiras lições do Evangelho devem ser lidas, sentidas e vivenciadas.

O espírita compreende que sua missão no mundo principia no reduto doméstico, em sua casa, por meio do estudo do Evangelho de Jesus no Lar.

Então, como fazer?

Converse com todos que residem com você sobre a importância desse estudo, para que, em família, possam compreender melhor os ensinamentos cristãos, a partir de um momento de união fraterna, que se desenvolverá de maneira harmônica e respeitosa. Explique que as reflexões conjuntas acerca do Evangelho permitirão manter o ambiente da casa espiritualmente saneado, por meio de sentimentos e pensamentos elevados, favorecendo a presença e a influência de Mensageiros do Bem; explique, também, que esse momento facilitará, em sua residência, a recepção do amparo espiritual, já que auxilia na manutenção de elevado padrão vibratório no ambiente e em cada um que ali vive.

Convide sua família, quem mora com você, para participar. Se mora sozinho, defina para você esse momento precioso de estudo e reflexões. Lembre-se de que, espiritualmente, sempre estamos acompanhados.

Escolha, na semana, um dia e horário em que todos possam estar presentes.

O tempo médio para a realização do Evangelho no Lar costuma ser de trinta minutos.

---

[1] XAVIER, Francisco Cândido. *Luz no lar*. Por Espíritos diversos. 12. ed. 7. imp. Brasília: FEB, 2018. Cap. 1.

As crianças são bem-vindas e, se houver visitantes em casa, eles também podem ser convidados a participar. Se não forem espíritas, apenas explique a eles a finalidade e importância daquele momento.

O seguinte roteiro pode ser utilizado como sugestão:

1. Preparação: leitura de mensagem breve, sem comentários;

2. Início: prece simples e espontânea;

3. Leitura: *O evangelho segundo o espiritismo* (um ou dois itens, por estudo, desde o prefácio);

4. Comentários: breves, com a participação dos presentes, evidenciando o ensino moral aplicado às situações do dia a dia;

5. Vibrações: pela fraternidade, paz e pelo equilíbrio entre os povos; pelos governantes; pela vivência do Evangelho de Jesus em todos os lares; pelo próprio lar...

6. Pedidos: por amigos, parentes, pessoas que estão necessitando de ajuda...

7. Encerramento: prece simples, sincera, agradecendo a Deus, a Jesus, aos amigos espirituais.

As seguintes obras podem ser utilizadas nesse momento tão especial:

- *O evangelho segundo o espiritismo*, como obra básica;
- *Caminho, verdade e vida; Pão nosso; Vinha de luz; Fonte viva; Agenda cristã*.

Esse momento no lar não se trata de reunião mediúnica e, portanto, qualquer ideia advinda pela via da intuição deve permanecer como comentário geral, a ser dito de maneira simples, no momento oportuno.

No estudo do Evangelho de Jesus no Lar, a fé e a perseverança são diretrizes ao aprimoramento moral de todos os envolvidos.

# O LIVRO ESPÍRITA

Cada livro edificante é porta libertadora.

O livro espírita, entretanto, emancipa a alma nos fundamentos da vida.

O livro científico livra da incultura; o livro espírita livra da crueldade, para que os louros intelectuais não se desregrem na delinquência.

O livro filosófico livra do preconceito; o livro espírita livra da divagação delirante, a fim de que a elucidação não se converta em palavras inúteis.

O livro piedoso livra do desespero; o livro espírita livra da superstição, para que a fé não se abastarde em fanatismo.

O livro jurídico livra da injustiça; o livro espírita livra da parcialidade, a fim de que o direito não se faça instrumento da opressão.

O livro técnico livra da insipiência; o livro espírita livra da vaidade, para que a especialização não seja manejada em prejuízo dos outros.

O livro de agricultura livra do primitivismo; o livro espírita livra da ambição desvairada, a fim de que o trabalho da gleba não se envileça.

O livro de regras sociais livra da rudeza de trato; o livro espírita livra da irresponsabilidade que, muitas vezes, transfigura o lar em atormentado reduto de sofrimento.

O livro de consolo livra da aflição; o livro espírita livra do êxtase inerte, para que o reconforto não se acomode em preguiça.

O livro de informações livra do atraso; o livro espírita livra do tempo perdido, a fim de que a hora vazia não nos arraste à queda em dívidas escabrosas.

Amparemos o livro respeitável, que é luz de hoje; no entanto, auxiliemos e divulguemos, quanto nos seja possível, o livro espírita, que é luz de hoje, amanhã e sempre.

O livro nobre livra da ignorância, mas o livro espírita livra da ignorância e livra do mal.

EMMANUEL[1]

---

[1] Página recebida pelo médium Francisco Cândido Xavier, em reunião pública da Comunhão Espírita Cristã, na noite de 25 de fevereiro de 1963, em Uberaba (MG), e transcrita em *Reformador*, abr. 1963, p. 9.

# LITERATURA ESPÍRITA

Em qualquer parte do mundo, é comum encontrar pessoas que se interessem por assuntos como imortalidade, comunicação com Espíritos, vida após a morte e reencarnação. A crescente popularidade desses temas pode ser avaliada com o sucesso de vários filmes, seriados, novelas e peças teatrais que incluem em seus roteiros conceitos ligados à Espiritualidade e à alma.

Cada vez mais, a imprensa evidencia a literatura espírita, cujas obras impressionam até mesmo grandes veículos de comunicação devido ao seu grande número de vendas. O principal motivo pela busca dos filmes e livros do gênero é simples: o Espiritismo consegue responder, de forma clara, perguntas que pairam sobre a Humanidade desde o princípio dos tempos. Quem somos nós? De onde viemos? Para onde vamos?

A literatura espírita apresenta argumentos fundamentados na razão, que acabam atraindo leitores de todas as idades. Os textos são trabalhados com afinco, apresentam boas histórias e informações coerentes, pois se baseiam em fatos reais.

Os ensinamentos espíritas trazem a mensagem consoladora de que existe vida após a morte, e essa é uma das melhores notícias que podemos receber quando temos entes queridos que já não habitam mais a Terra. As conquistas e os aprendizados adquiridos em vida sempre farão parte do nosso futuro e prosseguirão de forma ininterrupta por toda a jornada pessoal de cada um.

Divulgar o Espiritismo por meio da literatura é a principal missão da FEB, que, há mais de cem anos, seleciona conteúdos doutrinários de qualidade para espalhar a palavra e o ideal do Cristo por todo o mundo, rumo ao caminho da felicidade e plenitude.

# CARIDADE: AMOR EM AÇÃO

Sede bons e caridosos: essa a chave que tendes em vossas mãos. Toda a eterna felicidade se contém nesse preceito: "Amai-vos uns aos outros". KARDEC, Allan. *O evangelho segundo o espiritismo*, cap. 13, it. 12.

A Federação Espírita Brasileira (FEB), em 20 de abril de 1890, iniciou sua *Assistência aos Necessitados* após sugestão de Polidoro Olavo de S. Thiago ao então presidente Francisco Dias da Cruz. Durante oitenta e sete anos, esse atendimento representava o trabalho de auxílio espiritual e material às pessoas que o buscavam na Instituição. Em 1977, esse serviço passou a chamar-se Departamento de Assistência Social (DAS), cujas atividades assistenciais nunca se interromperam.

Desde então, a FEB, por seu DAS, desenvolve ações socioassistenciais de proteção básica às famílias em situação de vulnerabilidade e risco socioeconômico. Fortalece os vínculos familiares por meio de auxílio material e orientação moral-doutrinária com vistas à promoção social e crescimento espiritual de crianças, jovens, adultos e idosos.

Seu trabalho alcança centenas de famílias. Doa enxovais para recém-nascidos, oferece refeições, cestas de alimentos, cursos para jovens, serviços de convivência e fortalecimento de vínculos para idosos e organiza doações de itens que são recebidos na Instituição e repassados a quem necessitar.

Essas atividades são organizadas pelas equipes do DAS e apoiadas com recursos financeiros da Instituição, dos frequentadores da Casa e por meio de doações recebidas, num grande exemplo de união e solidariedade.

Seja sócio-contribuinte da FEB, adquira suas obras e estará colaborando com o seu Departamento de Assistência Social.

# O QUE É ESPIRITISMO?

O Espiritismo é um conjunto de princípios e leis revelados por Espíritos Superiores ao educador francês Allan Kardec, que compilou o material em cinco obras que ficariam conhecidas posteriormente como a Codificação: *O livro dos espíritos*, *O livro dos médiuns*, *O evangelho segundo o espiritismo*, *O céu e o inferno* e *A gênese*.

Como uma nova ciência, o Espiritismo veio apresentar à Humanidade, com provas indicutíveis, a existência e a natureza do Mundo Espiritual, além de suas relações com o mundo físico. A partir dessas evidências, o Mundo Espiritual deixa de ser algo sobrenatural e passa a ser considerado como inesgotável força da Natureza, fonte viva de inúmeros fenômenos até hoje incompreendidos e, por esse motivo, são tidos como fantasiosos e extraordinários.

Jesus Cristo ressaltou a relação entre homem e Espírito por várias vezes durante sua jornada na Terra, e talvez alguns de seus ensinamentos pareçam incompreensíveis ou sejam erroneamente interpretados por não se perceber essa associação. O Espiritismo surge então como uma chave, que esclarece e explica as palavras do Mestre.

A Doutrina Espírita revela novos e profundos conceitos sobre Deus, o Universo, a Humanidade, os Espíritos e as leis que regem a vida. Ela merece ser estudada, analisada e praticada todos os dias de nossa existência, pois o seu valioso conteúdo servirá de grande impulso à nossa evolução.

**FEB editora**
Livro espírita para um novo mundo
www.febeditora.com.br
@febeditoraoficial
@febeditora

Conselho Editorial:
*Carlos Roberto Campetti*
*Cirne Ferreira de Araújo*
*Evandro Noleto Bezerra*
*Geraldo Campetti Sobrinho – Coord. Editorial*
*Jorge Godinho Barreto Nery – Presidente*
*Maria de Lourdes Pereira de Oliveira*
*Miriam Lúcia Herrera Masotti Dusi*

Produção Editorial:
*Elizabete de Jesus Moreira*

Seleção de Conteúdo:
*Mayara Paz*
*Patrícia Carbri*
*Stela Bertolino*

Capa e Projeto Gráfico:
*Cesar Oliveira*

Foto de Capa:
*www.istockphoto.com/krzych-34*

Normalização Técnica:
*Biblioteca de Obras Raras e Documentos Patrimoniais do Livro*

Esta edição foi impressa pela Gráfica e Editora Qualytá Ltda., Brasília, DF, com tiragem de 2,5 mil exemplares, todos em formato fechado de 100x130 mm e com mancha de 75,5x103 mm. Os papéis utilizados foram o Off white bulk 58 g/m² para o miolo e o Cartão 250 g/m² para a capa. O texto principal foi composto em fonte Adobe Garamond Pro 13/15,5 e os títulos em Arrus BT 32/38,4. Pantone miolo 315 U . Impresso no Brasil. *Presita en Brazilo.*